アクティビスト
対応 ACTIVIST
の実務

ジェイ・ユーラス・アイアール㈱

鈴木紀子

宮地真紀子

原山真紀

著

中央経済社

はじめに

「アクティビスト」と「アクティブ・ファンド」の違いがわからない企業の
トップがいる。

　これは，IR（インベスター・リレーションズ）やコーポレートガバナンス
の世界で，ここ10数年，言い古されたジョークである。ところが，本書でご紹
介するアクティビストの最近の活発な動きにかかわらず，実は相変わらずその
ような経営者は多く，決して古い冗談ではない，という笑うに笑えない実態が
ある。
　長らくこの分野に身を置く筆者は，最近，これは「違いがわからない」とい
うのではなく，多くの経営トップは「違いをわかろうとしない」のではないか
と思うようになった。そうした経営トップにとっては，アクティビストもアク
ティブ・ファンドもやっかいな存在で，違いを知ることも区別することも必要
ない，どちらも同じように「迷惑な存在」であるという認識なのではないか。
　「アクティブ・ファンド」とは，個別企業を丁寧に分析し，運用を委託して
いる年金基金等に対して説明責任を持って投資する投資家のことである。株式
を中長期に保有し，受託者責任の観点から真剣に企業価値，株主価値の向上を
求めているため，時として耳の痛いコメントを企業にするかもしれない。だが，
経営を支持する力強い与党株主になる可能性も大きい投資家である。確かに，
アクティブ・ファンドからはアクティビストと同じような内容の指摘もなされ
うるが，それを対話（エンゲージメント）を通して経営に伝え，ともに考え，
解決あるいはリスクの低減に向けて議論する——そのようなことを行うのがア
クティブ・ファンドである。
　アクティビストは，アクティブ・ファンドも指摘するような内容に対して，
経営が長期間考慮してこなかった，あるいは，解決への努力をしなかった企業
を対象として，株主提案などの手段を通じて短期的に改善を迫ってくる。すな
わち，アクティビストに狙われたのは，それまでの段階で何の対処もしていな

かった，あるいは経営努力をしてこなかったためであり，それは「経営のミスである場合が多い」と言われてもしょうがないのではなかろうか。

しかし，多くの経営トップは，これが経営のミスによるものとは認識していないので，アクティビストからレターなどのコンタクトがあると途端に，IR担当者の責任だと騒ぎ出す。

ところで，最近，SR部（シェアホルダーリレーションズ部）という日本企業特有の部署があり，その部署でアクティビスト対応を担うケースも見られる。かつての「総会屋」対応の部署のイメージもあり，経営トップからの大きな（過度な）期待が寄せられる傾向がある。しかし，資本市場や企業価値向上への理解が十分ではないケースもあり，目先の議案を可決させるためだけの票集めといった近視眼的なアプローチも見られることから，解決に結び付かない例も散見される。

本書は，IR活動やアクティビスト対応の実務の最先端で対処しているジェイ・ユーラス・アイアールの気鋭3人，鈴木紀子，宮地真紀子，原山真紀によって執筆した。アクティビストから経営トップによる経営のミスだと言われないよう，また，IR担当者の責任だなどと内輪の議論にならないよう，本書をぜひ，手に取っていただきたい。

本書ではまず，第1章にて，「アクティビスト」について定義する。中長期志向の機関投資家が求める「エンゲージメント」とアクティビストの短期的な主張の違いについても紹介する。次の第2章では，最近話題の環境に関する株主提案を含めた実際の事例について紹介したい。続いて，第3章では，これまでのアクティビストとの攻防戦の変遷をまとめる。企業がどのように戦ってきたか，また，その経験がどう企業経営に影響しているかを資本市場の現状も踏まえて整理した。第4章は，いよいよ具体的な対応方法についてまとめ，第5章においては，今後アクティビストに狙われないための経営のヒントとなるようまとめた。本書は，諸々と予想できる問題への事前対処への示唆となることも間違いないだろう。

ジェイ・ユーラス・アイアール㈱　取締役会長　**岩田　宜子**

目　次

第1章

アクティビストとは

1 アクティビストとは

　「アクティビスト」という言葉を聞いて，まず何を思い浮かべるだろうか。ある日突然，経営陣に敵対的な手紙を送り付けてくる「ハゲタカ」ファンド，受け入れがたい要求を一方的に突き付けてくるファンド，毎年のように新聞紙上を賑わせる著名なファンド——「怖い」，「不気味」というイメージを浮かべる方が多いかもしれない。

　アクティビスト（activist）とは，もともと社会的・政治的な変革を目指す活動家や運動家の呼称であったが，資本市場では株主としての権利を積極的に行使して，企業に影響力を及ぼそうとする投資家を指す。

　投資家は上場企業の株式への投資を通じて，株価上昇によるキャピタルゲイン，あるいは配当によるインカムゲインを得ることで，自らが運用する年金基金や投資信託のポートフォリオの運用益確保を目的としている。これら投資家のうち，一般的にメインストリームと呼ばれる中長期運用の機関投資家（以下「中長期投資家」という）は，1，2年から10年以上にわたる保有期間を通じて，投資先企業の経営陣やIR担当者との間で企業価値向上に向けた「対話」を行い，中長期的な株主価値の向上を働きかけるものの，基本的に企業経営は経営陣を信頼して任せるという方針である。

　一方，「アクティビスト」に分類される投資家は，増配や自社株買いといった株主還元や，経営陣の刷新，取締役の派遣，経営戦略の変更や事業の売却を

要求するなどして，投資先企業の経営に積極的に介入することを目的としている。このような活動により企業に何らかの変化がもたらされ，株価の上昇が実現すれば，アクティビストはより高く売り抜けることが可能となる。もとより株式の中長期保有を目的とはしていない点が，中長期投資家との大きな違いである。

　アクティビストの中には，企業に対して敵対的な姿勢を取るばかりではなく，上場企業の経営陣の了解のもとで本格的に経営参画をしたり，経営陣とともにバイアウトをして経営再建を目指すといったところもある。

　最近のトレンドとしては，アクティビストはわかりやすい経営改善の要求をすることが多く，経営陣に対する株主の不満を代弁しているとして，大手年金基金や中長期投資家の支持を得るケースが増えている。ただし，アクティビストによる株主提案は，必ずしも可決を目標とはしておらず，報道等で注目を集めることでより多くのスポンサーから運用資金を受託できる可能性が高まるという点で，宣伝効果を目的としているとも考えられる。

図表1－1　日本企業から見た機関投資家マップ
　　　　　　　―投資スタイルとアクティビスト的活動の観点から

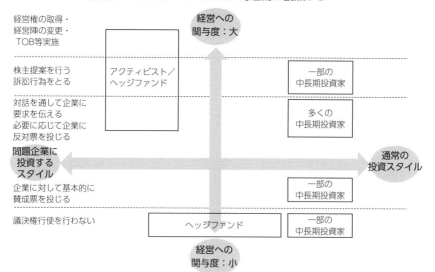

　ところで，TOPIXやMSCIといった一般的な株式指標（インデックス）を目安として，それを上回る成績を目指す運用手法のことを「アクティブ運用」と呼ぶ。具体的には，アナリストによるセクターや個別銘柄の調査・分析の情報をもとに，ファンドマネージャーが個別銘柄を選定し，運用する手法である。一般的にIR活動の対象としているのは，この「アクティブ運用」の投資家である。

　ときおり，「アクティブ運用」と「アクティビスト」の違いは何か，という質問を耳にするが，「アクティブ運用」は上場株式の保有を通じてキャピタルゲインやインカムゲインを得ることを目指す手法である。株式の保有そのものが目的ではなく，経営への介入や株価変動による鞘取りを目的とする「アクティビスト」とは，そもそも企業へのアプローチの目的が異なる点を強調しておきたい。

　図表1－2は米国の投資銀行ラザードが定期的に公表している株主アクティビズムに関する集計データ[1]をもとに，弊社で作成した株主アクティビズムの

図表1－2　株主アクティビズムの地域分布

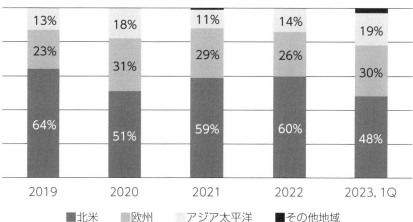

（出所）　米ラザードの公表データをもとに弊社作成

1　"Shareholder Activism Update: Early Look at 2023 Trends", APRIL 18, 2023　https://www.lazard.com/research-insights/shareholder-activism-update-early-look-at-2023-trends/（検索日2023年10月23日）

地域分布のグラフである。世界中のアクティビスト活動の半数前後が北米で起きているものの，日本を含むアジア太平洋地域においても毎年一定数アクティビスト活動が発生していることがわかる。

　日本における株主提案件数は増加傾向にあるが，なかでもアクティビストによる件数が増加していることは，図表1－3からわかる。しばしば「モノ言う株主」と呼ばれるアクティビストであるが，アクティビストと企業が戦う図は少し前までは遠く海を隔てた海外での出来事であった。しかし，いまや対岸の火事ではない。毎年，多くの日本企業がアクティビストと対峙しており，アクティビストが株主である日本企業は推定で数百社に上るともいわれる。

図表1－3　6月総会の株主提案件の推移

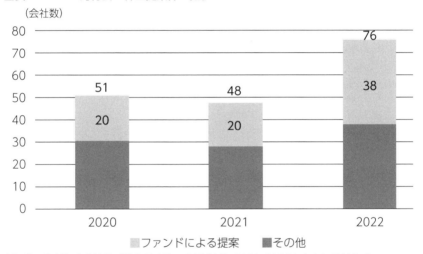

（出所）　資料版商事法務「株主提案権の事例分析」2020-2022をもとに弊社作成

　ここで，アクティビストの活動パターンについて，図表1－4で見てみたい。最近のアクティビストは定時株主総会での株主提案に頼らず，臨時総会を招集したり，社長選任へのネガティブキャンペーンを実施したり，訴訟に持ち込む，水面下で取締役を送り込むための交渉を行うなど，その手法は多岐にわたる。表面化していないだけで，アクティビストとの攻防が水面下で続いている企業は少なくはない。

図表1-4　アクティビストの活動パターン

アクティビストが企業にアプローチする際，以下のパターンを踏むケースが多い

ただし，この順番どおりに進むとは限らない

- 水面下の交渉をしてくる
- 取締役会や社長宛てにレターを送ってくる（時には公開レターとなる）
- 会社が拒否した場合，PRエージェント等を使用してオープンな活動を開始する
  - HP開設，セミナー・経済誌での発言など
- 株主提案をほのめかす
  - 水面下の交渉が続く
  - そのまま株主提案に結び付くケースが多い
- 政策保有先，親会社や大株主などにもレター送付・面談の申し入れ等をしてくる
- 再び水面下で交渉をしてくる
- 他のアクティビストやヘッジファンド等との連携をアピールしてくる

② アクティビストが取り上げる論点

　さて，アクティビストはどのような論点で攻撃を仕掛けてくるのだろうか。ここ数年の傾向を見ていると，大きく以下に分けることができる。

経営戦略・財務戦略関連

- 資本効率の改善・財務レバレッジの活用
- 配当金額の引き上げ・自社株買いの実施
- 政策保有株式の売却
- 不稼動資産の売却
- 親子上場の見直し
- MBOの実施
- 事業戦略・事業ポートフォリオの見直し

- M&Aの実施
- 買収防衛策の廃止

コーポレートガバナンス関連

- 社外取締役の選任
- 取締役・監査役の解任
- CEOと議長の分離
- 取締役会の実効性評価と課題への取り組み
- 役員報酬制度の見直し，株式報酬の導入

開示関連

- 役員報酬の個別開示
- 資本コストなど，重要なKPIの開示
- セグメント情報の開示
- 環境・社会（ES）に関する開示

　数年前までのアクティビストからの提案は，過剰な増配を要求するものや，親子上場企業における資本関係の解消に伴うトランザクションに対してモノを申すなど，一時的な要求で持続性がなく，提案するアクティビストの利益が最優先されるような内容が多かった。

　しかし，最近では他の中長期投資家が反対する理由のない，よく練られた提案がなされるケースが増えている。中には資本市場における多数派の意見を代弁するような内容も多い。

　図表1－5は，2023年6月総会シーズンにおいてアクティビストを含む機関投資家からの株主提案について，三井住友信託銀行が作成したデータをもとに，提案内容別に弊社が集計した結果である。

図表1－5　2023年6月総会におけるアクティビストによる提案内容

議案カテゴリ	件　数
定款変更	42件
役員報酬	24件
取締役選任	13件
自己株式の取得	20件
剰余金処分	15件
定款変更（環境）	3件
防衛策廃止	2件
その他	1件
総計	120件

（出所）　三井住友信託銀行による集計データをもとに弊社にて集計

　定款変更の内訳は，中長期投資家からの注目度が高い取締役会の構成に関する提案や，政策保有株式に関する提案などが多く，次いで役員報酬に関する提案が多い。アクティビストが取り上げる論点は，以前は特殊な内容や極端な要求が多かったが，最近は一般的に資本市場で取り上げられることの多い論点に絞られていることがわかる。

　アクティビストの提案内容の変化を受け，以前は株主提案には原則反対としていた中長期投資家においても，「株主提案は提案者の属性にかかわらず，企業価値向上に資するか否かに基づき個別判断する」という方針に変更する例が相次いでいる。

　このような最近のアクティビストの動向について，中長期投資家からは以下のような声が聞かれる。

- 昔のアクティビストは短期的なキャッシュを第1に考える印象であったが，今は企業価値向上のために真摯に必要なことを考えるなど，しっかりとした方針を持つ先もある。
- 企業の経営をしっかり分析した結果，建設的な提言をするアクティビストを過度に嫌うことはない。
- 企業価値向上のためになる株主提案なら賛成する。企業価値が上がるかどうかが判断基準である。

- 誰が株主提案をしたかというより株主共同の利益に資するかという内容を重視している。

　上場株式の中長期保有による運用益の獲得を目指す投資家ではあるが，アクティビストの介入により，投資対象企業の中で変化が生まれ，企業価値向上のきっかけに結び付くようであれば，アクティビストによる提案も歓迎する，という姿勢である。

③ アクティビストに狙われる企業の特徴―「弱点」の類型化

① 第1次スクリーニングの項目

　次に，アクティビストが狙いを定める企業の「弱点」の類型化を試みたい。アクティビストの提案内容から考えると，外部から見て以下のような特徴が明白に見て取れる企業が，アクティビストにおけるスクリーニングに合致するものと思われる。もちろん，ここで挙げる項目がすべてではないし，企業によっては下記の項目のうち1つではなく，いくつかに同時に当てはまるというケースもあるだろう。

① 過剰なキャッシュを保有，あるいは資本効率が悪い
　例：ROEが低い，政策保有株式が多い等
② コーポレートガバナンス面で課題がある
　例：社外取締役の独立性が低い，指名・報酬委員会の独立性が低い，相談役・顧問制度がある，相談役・顧問に給与の支給がある，中長期の業績連動報酬制度が未導入，業績連動報酬の算出基準が不明瞭等
③ 親子上場の子会社である，特定の大株主がある
④ いわゆるオーナー系である
　例：創業家出身者が経営陣に含まれる，創業家が大株主である，創業家が何らかの形で経営に影響力を持っている
⑤ 所属するセクター内で再編の可能性がある

　上記はいずれも，コーポレートガバナンス・コードの主要な論点になっており，アクティビストだけが注目するテーマではなく，資本市場全体が注目するテーマである。そのため，これらの課題を抱える企業においては，アクティビストに狙われる以前に，中長期投資家からも同じような指摘を受けていたはずである。

②　アクティビストからのアプローチ

　さて，上記のようなアクティビストの「第1次スクリーニング」に合致してしまった企業に対しては，次にアクティビストから取材依頼が来る。いきなり「経営陣に会わせてほしい」と要求されることもある。アクティビストとの面談の対応次第では，「第2次スクリーニング」に進み，最終的にはアクティビストが株主になるというステップに進むことになるため，面談は慎重に進めたい。何より，拙速に事を進めるのは禁物である。

　ところで，貴社のIR部門では，初めて取材依頼があった投資家から「経営陣に会わせてほしい」という要望があった場合，どう対応しているだろうか。

　通常はまず，IR担当者で対応するというケースがほとんどであると思われる。しかし，相手が著名なアクティビストであると，その事実だけで震え上がってしまい，慌てて社長に会わせる段取りを組んでしまうようなケースが散見される。そのような場合，「なぜ，アクティビストだけ特別対応をするのか」と尋ねると，多くの場合，企業は答えを持ち合わせていないことが多い。

　このような場合は，慌てず，落ち着いて貴社の通常のIR対応方針を適用していただきたい。ただし，通常のIR面談の10倍は慎重に，準備に時間を費やす必要がある。

　具体的に面談の前に準備することとして，まず，自社が資本市場からどう見られているのか，アクティビストが攻撃を仕掛けてきそうな論点があるか，また，それらの論点に対して対応策を持ち合わせているのか，すでに対応している点はあるのか，といった自らの振り返りをしっかり行うべきである。

　とにかく会ってみて，あちらの要望を聞いてみよう，という軽い気持ちでアクティビストとの面談に臨み，彼らが次々に繰り出す要求に「持ち帰って検討します」などと答えてしまっては，彼らの思うつぼである。

③　問題の所在

　ここ数年のガバナンス改革の流れを通じて，日本企業においては変革の機運が高まっていることから，冒頭で掲げたような論点で攻撃すれば，企業からは必ずリアクションが見られ，変化が見られる可能性が高いことをアクティビストは知っている。これらの課題を前向き，かつスピード感を持って解消できずにいる企業においては，課題を解決できない根本的な問題が内在していることが多い。そのことをアクティビストはあらゆるリサーチツールを活用して調べ上げたうえで把握し，対象企業を絞り込んでいると考えてもよいだろう。

　課題を解決できない根本的な問題の1つに，経営陣が資本市場に対して後ろ向きであることが挙げられる。IR担当者がいくら熱心に投資家との対話を行っていても，ラージ，スモール，個別といった投資家ミーティングの場に経営陣が決して顔を見せない企業は要注意である。このような企業の経営陣は，投資家を「あいつら」と呼び，敵視していることがある。

　投資家は企業の株式に投資をすることで，その企業のステークホルダーの一部として経営陣と「同じ船」に乗ることになるため，経営陣が何を考え，どこを向いているのかを知ることができなければ，安心して投資ができず，継続して保有することもできない。上場企業である限り，投資家が安心できる情報を資本市場に提供することは当然であると考えられており，投資家が「社長の顔色をうかがいたい」，「社長の口から直接考えを聞きたい」と経営陣との対話を求める理由もここにある。

　しかし，万が一，経営陣に投資家へのリスペクトがなく，上場企業としての意識が希薄であり，投資家を単なる「うるさい人たち」としか思っていないような場合，しばしば，そのような態度は企業の姿勢の各所から透けて見えてしまうものである。そしてアクティビストはそのような態度を敏感にキャッチしているのである。

　そのため，アクティビストは最初から狙ったポイントを執拗に突つき，企業がいくら対話を通じて理解を求めようとしたところで，彼らの要求に100％応えることができない限り，その要求が取り下げられることはなく，数年にわたる攻防が続くことになるのである。

　中長期投資家からは，「アクティビストに狙われる企業は，日頃から資本市

場との対話をほとんど持っていないことが多く，アクティビストに狙われて初めて投資家にミーティングを依頼してくることがある」というコメントがよく聞かれる。したがって，資本市場で何が論点になっているのか，自社のどこが問題視されているのかについて，全く意識が薄いケースが多いとのことである。中長期投資家からは，まさに「狙われるべくして狙われている」と見えるようである。

4　アクティビストと「エンゲージメント投資家」との違い

ここでいったん，アクティビストではない中長期志向の機関投資家の運用手法について整理しておきたい。

(1)　アクティブ運用

市場指数（インデックス）を上回る投資成果を目指して，ファンドマネージャー独自の見通し，判断，投資戦略などに基づいて，カントリー・アロケーション（国別配分），セクター・アロケーション（業種配分），企業のファンダメンタルズ分析に基づき，投資する銘柄選択を行う運用スタイル。

主な運用スタイル

- グロース：利益の成長性が高く株価の上昇が期待できる銘柄に投資する
- バリュー：何らかの理由で，資本市場において株価が本来の企業価値から見て割安に放置されている銘柄に投資する
- GARP：利益の成長性とバリュエーション（割安か否か）の両面をバランスよく重視する（Growth at reasonable price）

(2)　パッシブ運用

市場平均と同程度の運用成績を目標とした運用スタイル。ファンドマネージャーやアナリスト等を介さないため，運用コストが抑えられるメリットがある。

> **主な運用スタイル**
>
> - インデックス：株価指数など市場指数（インデックス）に連動する投資成果を目指して，インデックスを構成する同様の銘柄に投資する運用スタイル。日本株を投資対象とするポートフォリオの場合，株価指数として東証株価指数（TOPIX）や日経平均，MSCIなどが用いられる場合が多い。
> - クォンツ：データを統計的に分析して作られた数理モデルに沿って投資を行う運用スタイル。株式ポートフォリオの運用では，株式の動きを分析して構築されたモデルに従って銘柄選択と組み入れ比率をシステマティックに決定する。

　これまでは，欧米を中心にアクティブ運用が主流であり，資本市場では「バリュー投資家の雄・キャピタル，グロース投資家の雄・フィデリティ」というように，グローバルに活動を展開する大手アクティブ投資家の名前をよく耳にした。

　しかし，リーマンショック以降，アクティブ投資家の運用や調査にかかるコストが高いにもかかわらず，運用成績の不振が続いていたことから，運用手数料が低いパッシブ運用への資金シフトが続き，いまや株式市場の主流はパッシブ運用となっている（図表1-6）。

　この動きは米国において特に顕著に見られる。その証左として，金融市場では，以前のようにアクティブ運用の投資家であるキャピタル・グループやフィデリティの名前よりも，ブラックロック，ステート・ストリート・グローバル・アドバイザーズ，バンガードというパッシブ投資家の名前を目にする機会が激増した。投資家の運用資産残高においても，グローバルトップはパッシブ投資家によって占められているという。

図表1－6　世界の株式資産における純流入額の推移（億円）

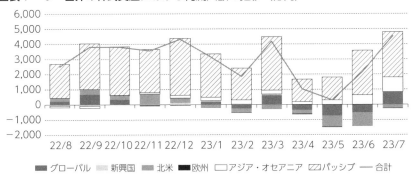

※直近1ヵ月については推計値，過去分については実績値を用いています。パッシブ以外のカテ
　ゴリはアクティブ・ファンドの集計です。
（出所）　Morningstar Direct ™ Japan Asset Flows Update 2023/8/1より

　国内においても，最大の資金スポンサーであるGPIF（年金資金運用独立行政法人）の保有する日本株資産49兆円の9割超が，パッシブファンドに投下されている。GPIFは自家運用をしておらず，すべての資産が国内外の投資家に運用委託されている。近年，ESG指数に連動したパッシブファンドへの資金シフトが続いているが，それでもまだ，TOPIX連動型ファンドがすべてのパッシブファンドに占める比率は7割を超える（2023年3月末時点）。

　アクティブ投資家は，ファンドマネージャー自らが個別銘柄を選択し投資する。そのため，投資先企業の業績不振や不祥事などを理由に株価パフォーマンスが振るわない場合に，企業と個別に対話をしたり，議決権行使で経営陣の選任議案に反対するなどの「エンゲージメント」活動を実施しても改善傾向が見られないのであれば，最終的にその銘柄を売却するという手段がある。

　しかし，パッシブ投資家においては，例えばTOPIXに連動するファンドを運用している場合は，TOPIXを構成する2,158社（2023年7月時点）のすべてに投資する。2,158社の中に業績不振企業や不祥事企業が含まれていたとしても，パッシブ投資家は株式指数に連動するファンドを運用することで運用コストを抑え，運用益の最大化を図っているため，個別銘柄の売却という選択肢を持たない。そのため，ファンドを構成する銘柄全体の長期的な底上げを目指し，ファンド構成銘柄に対してESGの取り組み強化を呼びかけたり，議決権行使を

通じてモノを申す，といった「エンゲージメント」活動を重視する動きが拡大している。

一般的に，企業におけるエンゲージメントとは，従業員や顧客との関係性を示すものであり，従業員であれば自分の働く職場に対する愛着心や思い入れを指し，顧客であれば商品やサービスを提供する企業との信頼関係という意味で使われる。

一方，資本市場におけるエンゲージメントとは，投資先企業の持続的な価値向上に向けて機関投資家がその受託者責任を果たすための活動の１つを指す。スチュワードシップ・コードでは，機関投資家は，投資先企業の持続的成長に向けて，投資先企業の状況を的確に把握するとともに，投資先企業との建設的な「目的を持った対話」を通じて，投資先企業と認識の共有を図り，問題の改善に努めることが求められている。

> スチュワードシップ・コード
>
> 原則４　機関投資家は，投資先企業との建設的な「目的を持った対話」を通じて，投資先企業と認識の共有を図るとともに，問題の改善に努めるべきである。

また，コーポレートガバナンス・コードにおいては，上場企業の持続的な成長と中長期的な企業価値向上のために，経営陣幹部や社外取締役を含む取締役は，株主との建設的な対話を行うべきと示されている。

> コーポレートガバナンス・コード
>
> 【基本原則５】上場会社は，その持続的な成長と中長期的な企業価値の向上に資するため，株主総会の場以外においても，株主との間で建設的な対話を行うべきである。
>
> 経営陣幹部・取締役（社外取締役を含む）は，こうした対話を通じて株主の声に耳を傾け，その関心・懸念に正当な関心を払うとともに，自らの経営方針を株主に分かりやすい形で明確に説明しその理解を得る努力を行い，株主を含むステークホルダーの立場に関するバランスのとれた理解と，

> そうした理解を踏まえた適切な対応に努めるべきである。

(3)　エンゲージメント投資家とは

　冒頭で触れたように，一口に投資家といってもその運用手法はさまざまであり，エンゲージメントのタイミングや手法についてもさまざまである。しかし，投資家がエンゲージメント活動を通じて，投資先企業の中長期的な成長と持続可能な企業価値向上を促し，その実行を株主の代理としてしっかりと監督するためのコーポレートガバナンスの強化を求める流れはますます強まっている。

　図表1－7は2015年に世界最大のインデックス運用の投資家である米国のブラックロック，およびCERES(セリーズ：Coalition for Environmentally Responsible Economies/「環境に責任を持つ経済のための連合」と訳される。社会的責任投資に注力する投資家を中心メンバーとする米国のNGO。環境保護団体や自治体の財務監査部などもメンバーに含まれる)が米国投資家向けに編纂した企業エンゲージメントのガイドラインに掲載された「戦略的なエンゲージメントプラン」の図である。

図表1－7　米国投資家に向けた企業とのエンゲージメントのガイドライン

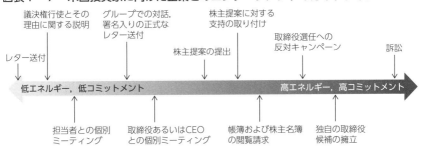

(出所)　21st Century Engagement: Investor Strategies for Incorporating ESG Considerations into Corporate Interactions https://www.ceres.org/resources/reports/21st-century-engagement-investor-strategies-incorporating-esg-considerations (検索日2023年10月23日)

　このガイドラインが開示されてから8年が経過しているが，今も投資家における企業とのエンゲージメントの手法に大きな変化はない。このようなエン

ゲージメント活動を特に前面に押し出している投資家は「エンゲージメント投資家」と呼ばれている。

　以下に米国と英国における代表的な「エンゲージメント投資家」の活動概要として，巨額の資産規模を誇る年金基金であると同時に自ら運用も手掛ける代表的な投資家として，米国のCalPERSおよび英国のLGIMについて紹介したい。

① CalPERS（カルパース，California Public Employees' Retirement System：カリフォルニア州職員退職年金基金）

　1932年に設立され，カリフォルニア州の職員約200万人[2]を対象とする米国最大の公的年金基金である。運用は自社で行うため投資家としての側面も持ち，2023年時点の総運用資産は4,500億ドル。いわゆる「物言う株主」の代表としてもよくその名が聞かれる。1985年には他の公務員基金とともにCII（米国機関投資家協会）を設立し，その後1995年にはICGN（国際コーポレート・ガバナンス・ネットワーク），1999年にはACGA（アジア・コーポレート・ガバナンス協会）の創設メンバーとなるなど，世界中の投資家のネットワーキングを進めると同時に，投資先企業のコーポレートガバナンス推進の中心的役割を担ってきた。

　議決権行使で経営陣に反対票を投じる，株主提案への賛同表明をする，他の年金基金と共同で株主提案を行う，といった積極的な株主活動を通じて投資先企業の経営改善を実現させ，株式の投資パフォーマンスを引き上げることを目指している。加えて，自ら積極的なエンゲージメントの対象とする200社ほどの「フォーカス・リスト」を選定しており，それら企業の長期的な企業価値向上に向けて，積極的な対話を持つプログラムを実施している。

　2016年からは，投資先企業の株主総会における賛否について，株主総会に先行して同基金のウェブサイト上で公表する方針を取っている。これにより，CalPERSの賛否状況を知った他の投資家の投票行動に影響を与えることを目的としている。

2　2022年6月末時点　CalPERSのサイトより　https://www.calpers.ca.gov/page/home（検索日2023年10月23日）

　直近では，トヨタ自動車の2023年6月総会において，CalPERSが豊田章男会長の取締役再任に反対票を投じた一方，欧州の年金運用投資家3社による気候変動に関する株主提案に賛成票を投じたことを開示し，話題となった。

②　LGIM（Legal & General Investment Management）

　Legal & Generalは19世紀にロンドンに設立された英国大手生命保険会社である。その資産運用部門であるLegal & General Investment Management（LGIM）は欧州最大規模の年金運用会社であり，2022年6月末時点の総運用資産は1兆6,000億ドル[3]とのことである。

　LGIMは，2016年より"Climate Impact Pledge"（気候への影響に関する誓約）というプログラムを開始しており，投資先企業の気候変動への取り組みを「ガバナンス」，「戦略」，「リスクと機会」，「シナリオ分析」，「指標と目標」というTCFDの5つのフレームワークをもとに評価し，対応が十分ではないと判断した企業に対して積極的な対話や議決権行使を通じた働きかけを行っている。

　2023年の株主総会シーズンには，気候変動への影響が最も高いと判断する20セクターの5,000社をプログラムの評価対象としたとのことだが，2020年に15セクターの1,000社が対象であったことから比べると，3年間でその対象が格段に拡がっていることがわかる。

　LGIMの評価内容は同社のウェブサイトで開示されるほか，対象企業には対応や開示の改善を求める具体的な内容とともに直接レターとして送付される。なかでも特に気候変動への影響が大きいとされる100社超を「ダイアル・ムーバー」として特定し，直接対話を通じた改善要求を行っているとのことである[4]。

　これら企業には中間目標を含む移行計画をはじめとする包括的なネット・ゼロ目標の設定，企業のネット・ゼロ計画に組み込まれた行動や投資の開示，役員報酬が排出目標に沿ったものであるかどうかの開示，気候変動ロビー活動（業界団体への加盟，政府機関への働きかけ）におけるメンバー構成や対話の

3　LGIM Japanのサイトより　https://www.lgimjapan.com/ja/jp/about-us/our-business/（検索日2023年10月23日）

4　LGIMのサイトより　https://www.lgim.com/uk/en/responsible-investing/climate-impact-pledge/（検索日2023年10月23日）

内容に関する開示を求めている。

　対話を通じた改善要求を行っても変化が見られない企業については，株主総会で取締役会議長に反対票を投じたり，さらにはダイベストメント（投資引き揚げ）などの厳しい措置を加えると公表している。ただし，その後の経過を見て改善が見られた企業は，再び投資対象に復帰することもある。

　例えば，同プログラムを通じて2018年にダイベストメント対象となった日本企業の1社に日本郵政株式会社がある。その後，2022年のLGIMのリリースでは，日本郵政に対してエンゲージメントを実施してきた複数の領域のうち，「スコープ3」排出量の開示，ネット・ゼロの中間目標と2050年目標の公表といった点で改善が見られたことからダイベストメント対象から外す，ということが公表されている。

　直近の2023年6月時点で開示されたダイベストメント対象企業は14社あり，エアチャイナ（中国国際航空），COSCO Shipping Holdings（中遠海運控股股份有限公司），中国建設銀行，中国工商銀行，中国資源セメント，エクソンモービル，メットライフ，AIGなど，グローバル展開している中国および米国の資源，運輸，金融機関が多く含まれている。

Column

株主判明調査の動向（金融庁主導の動き）

　2023年6月より，金融庁では金融審議会の『公開買付制度・大量保有報告制度等ワーキング・グループ』がスタートしている。市場の透明性・公正性の確保や，企業と投資家との間の建設的な対話の促進等の観点から，公開買付制度・大量保有報告制度等の在り方について検討を行うことを目的とした会議体であるが，その中には「実質株主の透明性に関する検討課題」が含まれている。

　現行制度における上場企業の株主名簿では，国内法人，金融機関，個人株主は名義株主と実質株主（ここでいう実質株主とは，投資意思の主体であり議決権行使の権限を有する者を指す）が一致するが，機関投資家については証券保管銀行が名義株主となっており，実際に投資意思や議決権行使意思の決定権限を持つ，例えば三井住友トラスト・アセットマネジメントや野村アセットマネジメントという株主の名前は掲載されていない。投資家の保有が5％超となり

大量保有報告制度の適用対象となるか，投資家への直接ヒアリングにより情報を得るなどの手段を取らない限り，企業が実質株主である投資家の名前と保有株数について知りえる手段がないのである。そのため，多くの上場企業が数百万円のコストと2か月程度の時間をかけて「実質株主判明調査」を行っているのが実態である。

　諸外国では一定程度の投資家の保有状況について，企業が容易に把握できる仕組みがある。例えば，米国では運用資産が1億ドル以上の機関投資家は四半期ごとに保有明細をSECに提出する必要がある（Form 13F）。英国会社法では，英国公開企業に対して実質株主を調査する権限を与えており，公開企業から開示請求を受けた投資家は保有状況に関する情報を提供しなければならない。

　企業と株主・投資家の対話を促進し信頼関係を醸成する観点から，実質株主と保有株数について，企業が容易かつ効率的に把握できるよう，諸外国の制度を参考に議論・検討が進められている（2023年12月時点）。

第2章

アクティビストの活動事例
―企業・アクティビスト・投資家それぞれの「言い分」―

　ここからは，実際のアクティビストから企業への株主提案を含むアプローチの事例を見ていきたい。それぞれの事例において，アクティビストがどのような論点を取り上げて企業側にプレッシャーをかけたのか，それが他の一般株主，特に機関投資家株主からどのように受け止められたのかを詳述する。

　また，各事例において，企業側がどのような反論や対応を行ったのかを見ていくことで，アクティビストとの対峙においてどのような対応が有益であるのか，あるいはネガティブな結果につながることがあるのかを検証する。

　以下に紹介する事例において，アクティビストの意見は，株主提案に記載されている内容に基づくほか，アクティビストがウェブサイトやその他資料，メディアを通じて発信した内容が含まれる場合がある。企業の反論は，招集通知に記載された会社意見，その他開示資料に基づいている。いずれも，趣旨を損なわない範囲で筆者が適宜簡略化などの編集を加えている。機関投資家の見方は，ジェイ・ユーラス・アイアールが定期的に行う機関投資家との情報交換の中で聴取した内容等に基づいている。

1 アルプス・アルパインの経営統合にみる親子上場問題の事例

　まず，アクティビストのオアシス・マネジメント（以下「オアシス」という）がその活動の初期から主張してきた「親子上場問題」の事例を取り上げたい。親子上場問題は，取締役会は誰に対して責任を負っているのか，誰の利益

を優先する必要があるのか，という受託者責任の問題がわかりやすい形で表出する事象である。

　本件は，2017-2018年に親子上場関係にあったアルプス電気（親会社）とアルパイン（子会社）の経営統合計画に対し，オアシスが，親会社と子会社少数株主の間での利益相反が生じているとして統合条件の改善を求めたものである。

(1)　オアシス・マネジメントの概要

　オアシスは，2002年に米国スタンフォードで設立されたヘッジファンドで，米国と香港を主な拠点として活動している。創業者であるSeth Fischer氏は，ニューヨークを拠点とするヘッジファンドHighbridge Capitalにて，アジア株ファンドの運用を担当していた経歴を持つ。

　日本においては，2008年頃までは東京拠点を置き，日本企業への活発な訪問などを行っていたが，運用成績の悪化から東京拠点を閉鎖，拠点を本社のある米国と香港に絞っていた。その後，日本におけるコーポレートガバナンス改革の進展などを背景に，2013年頃から日本企業への書簡送付，トップマネジメントへの提言，株主提案などのアクティビスト活動を再度積極化した。2018年には新規に Oasis Japan Strategic Fundを立ち上げ，市場で過小評価されている企業を対象として，対話による価値向上を目指すことを掲げた。2020年6月には再び東京オフィスを開設するなど，日本市場への投資を強化している。

　日本企業に対しては，多くのアクティビスト活動履歴がある。当初は書簡送付を含む対話の実施が多く，各種メディア報道によれば，以下のような企業が対象となったといわれている。

- 任天堂：2014年，モバイル機器向けゲームの開発を手掛けるよう要望。
- 京セラ：2015年，京セラが保有する日本航空やKDDI株式の売却・保有削減と株主還元の充実や，太陽光発電事業の再編を要望。
- キヤノン：2015年，上場子会社2社の株式非公開化を要望。

　少数株主との間で利益相反を生じやすい親子上場問題に対しても多くの対話・提案履歴がある。例えば，2017年には，パナソニックによるパナホームの

完全子会社化計画をめぐる統合条件の改善を求め，パナホームに対して具体的なTOB価格を提示して提案を行っている。ただし，実際にTOBは実施していない。

　2017年以降は，図表 2 － 1 のとおり，株主提案によるエンゲージメントを増加させてきた。東京ドームに対する社長を含む取締役 3 名の解任を求める臨時総会の開催請求においては，議案自体は否決されたものの，その後，東京ドームは三井不動産によるTOBで非上場化した。三井不動産は，オアシスに対抗するためのホワイト・ナイトの位置付けであり，オアシスはTOB価格にてエグジットすることに成功したといえる。また，サン電子に対しては，臨時株主総会の開催を求め，社長を含む取締役 4 名の解任と，新たな取締役 5 名の選任を求めたが，すべての提案が可決されている。まだ日本においてはアクティビストによる株主提案が株主総会で可決される事例は限られている中で，オアシスはアクティビストとして順調な成果を上げているといえる。

　さらに，2022年以降は，フジテック，北越コーポレーションに対し，株主提案によらない形で公開キャンペーンを行い，社長選任への反対行使を呼び掛け，会社取締役会・経営陣に対しプレッシャーをかける手法を展開している。

図表 2 － 1　オアシスによる株主提案の一覧

総会年	会社名	議案内容	決議結果	賛成率
2017	片倉工業	定款一部変更（ROEを意識した経営の章の新設に関連する 3 議案）	否決	49.30～49.30%
2018	片倉工業	取締役 1 名解任	否決	17.20%
		定款一部変更（取締役の定員変更）	否決	18.70%
		取締役 2 名の選任	否決	17.30～17.30%
		剰余金処分（会社提案12円→127円）	否決	14.00%
		定款一部変更（ROEを意識した経営の章の新設）	否決	14.30%
	アルパイン	剰余金処分（会社提案15円→325円）	否決	28.60%
		監査等委員でない取締役 1 名の選任	否決	29.70%
		監査等委員である取締役 1 名の選任	否決	25.40%

	GMOインター ネット	買収防衛策廃止	否決	44.80%
		定款一部変更（買収防衛策の導入・継続・発動を株主総会決議事項とする）	否決	44.30%
		定款一部変更（指名委員会等設置会社への移行）	否決	15.80%
		定款一部変更（取締役社長と取締役会議長の兼任禁止）	否決	22.20%
		定款一部変更（取締役選任の累積投票制度の導入）	否決	20.40%
		監査等委員でない取締役の報酬額改定	否決	6.40%
	アルパイン	剰余金処分（会社提案100円→300円）	－ (*1)	-
2019	安藤・間	定款一部変更（安全衛生管理の徹底）	否決	30.10%
2020	安藤・間	自己株式取得	否決	27.90%
		定款一部変更（安全衛生管理の徹底）	否決	13.60%
	フジテック	定款一部変更（自己株式消却に関する株主総会決議の規定新設）	否決	32.90%
		自己株式消却	－ (*2)	-
	サン電子 （臨時総会の招集請求）	監査等委員でない取締役2名の選任（会社提案と重複）	可決	92.65～92.80%
		監査等委員でない取締役4名の解任	可決	69.79～73.17%
		監査等委員でない取締役3名の選任（候補者にオアシス関係者を含む）	可決	66.11～67.77%
	三菱倉庫	自己株式取得	否決	9.40%
		取締役2名の選任	否決	19.82～22.12%
		定款一部変更（指名委員会等設置会社への移行）	否決	11.90%
		定款一部変更（相談役・顧問等の廃止）	否決	22.50%
	東京ドーム（臨時総会の招集請求）	取締役3名の解任	否決	28.17～33.54%
2021	東洋製罐グループHD	取締役の報酬額改定の件（業績連動型譲渡制限付株式報酬制度の導入）	否決	7.10%
		定款一部変更（監査等委員会設置会社への移行）	否決	6.90%

		定款一部変更（相談役・顧問等の廃止）	否決	26.80%
		自己株式取得	否決	18.60%
		定款一部変更（TCFDを踏まえた経営戦略を記載した計画の開示）	否決	14.30%
2023	フジテック（臨時総会の招集請求）	取締役6名の解任	3名可決	46.79〜57.24%
		取締役7名の選任	3名可決	46.59〜58.74%
		社外取締役の個人別基本報酬額決定	可決	51.23%
		社外取締役に対する事後交付型株式報酬の付与	可決	50.98%
		社外取締役に対する株価条件付事後交付型株式報酬の付与	否決	47.57%
		取締役の株式報酬	否決	47.91%
	熊谷組	自己株式取得の件	否決	12.19%
		剰余金処分（会社提案130円→188円）	否決	13.62%
		定款一部変更（戦略検討委員会の設置）	否決	21.67%

（＊1）株主提案の前提条件である株式交換契約承認議案の否決が満たされなかったため，決議せず。

（＊2）株主提案の前提条件である定款一部変更議案（株主提案）の可決が満たされなかったため，決議せず。

(2) 本件の経緯

　2017年7月，親子上場関係にあるアルプス電気（親会社）とアルパイン（子会社）が経営統合計画を発表した。これに対し，アルパインの株主であるオアシスは，株式交換契約における株式交換比率が不公正であるとして，アルパイン株式の評価金額の算定方法などに疑義を表明し，評価の改善を求めた。

　本件の特徴として，2017年7月の経営統合計画の発表から，2018年12月の統合議案を株主に諮る臨時株主総会までの期間が非常に長かったことが挙げられる。そのため，本番の臨時株主総会以前に，2018年6月の定時株主総会においてオアシスは，不公正な統合比率を是正するとの理由付けで配当を大幅に増額するなどの3議案の株主提案を実施した。

　株主提案は否決されたものの，経営統合計画の発表から臨時株主総会まで長期間にわたってアルパインの株価が株式交換比率0.08を大きく上回る水準で推

移し，資本市場はアルパイン株主にとってより有利な統合比率が妥当と判断しているのではないか，との見方もあった。

　最終的に，統合比率は変更しないものの，株式交換契約議案の承認を条件に2018年10月15日現在のアルパイン株主に対し1株当たり100円の特別配当を実施することを発表し，実質的にはアルパイン株主に対する統合条件の改善が図られた。また，存続会社であるアルプス電気が，積極的な株主還元策を経営統合後に実施する旨を公表して株主に約束した。こうした経緯を経て，2018年12月の臨時株主総会において，統合議案は可決された。

⑶　本件におけるオアシスの提案と意見

　オアシスは，アルパイン（子会社）の2018年6月定時株主総会と，2018年12月臨時株主総会において，以下のように主張している。

2018年6月定時株主総会における意見：
- 1株当たり325円の配当を実施すべきである。また，真に独立した社外取締役の選任を求める（取締役1名，監査等委員である取締役1名の計2名）。
- 株式交換比率（アルパイン：アルプス電気＝1：0.68）について，オアシスが独立した評価機関であるビバルコ・ジャパン株式会社から受領した株式価値算定書によれば，アルパイン株式の公正価値は，67％から219％高い水準が妥当である。
- 経営統合の公表後，アルパインは二度業績予想の上方修正を行っている。一方，アルプス電気は販売不振により市場株価は大幅に下落している。
- 本株式交換比率は以下の観点からも，少数株主によって不公正である。
  恣意的に約300億円の現預金を運転資金として取り扱うことで，実質的に1株当たり約400円の株主価値の低下をもたらしている。
  株式交換比率の算定にあたりSMBC日興証券を独立した第三者算定機関として選定しているが，グループ金融機関との取引の観点で独立とはいえない。同社は，可能な限り低い算定結果が出るような算定手法および前提を選択しているように見える。シミュレーションの内容やその前提は一切明

らかにされていない。

経営統合の公表から株式交換の効力発生日までの期間が1年5か月以上と長いのは，事業環境の改善の結果としてアルパインの株価が上昇する前に株式交換比率を公表する意図があったことが疑われる。

- こうした中にあっても，アルパイン取締役会は，アルプス電気に対し株式交換比率の見直しを要求することを必要とするものではないと判断した。交渉すら行わないとの決定を受け入れることは到底できない。
- アルパインが恣意的に約300億円の現預金を運転資金として取り扱うことで1株当たり400円を超える株主価値の低下をもたらしたことから，これに少しでも見合う金額を，分配可能額の上限に近い金額の範囲で配当すべきである。

2018年12月臨時株主総会における意見：
- 1株当たり300円の配当を実施することを求める。
- アルパインは，1株100円の配当を実施することを公表し，アルプス電気も，統合後に自己株式の取得等の株主還元施策を積極的に採用する方針を明らかにしている。6月の定時株主総会において，アルパインは必要運転資金としての現預金の必要性，事業の安定性を理由にオアシスが提案した配当議案に反対していた。今回の両社の発表から，必要運転資金として現預金を当社の手元に確保しておく必要はなかったのであり，当社の説明は事実に反していた。

(4) 本件に対する機関投資家の論点

オアシスの主張の根底には，親子上場の関係性にある両社間においては，子会社は親会社の利益を最優先にし，少数株主の利益を損なう決定が容易になされうる，という論点がある。これは，アクティビストに限らず，多くの機関投資家において共有される懸念である。

こうした懸念に対して，機関投資家においては以下のような対応がなされることが重要であると考えられている。

- 子会社側の取締役会が，十分な人数・比率の独立社外取締役で構成され，少数株主の利益が十分に考慮された決議がなされることを担保する。
- さらに，少数株主利益との相反が起きやすい親子間での取引に関しては，親会社と関係のある取締役が審議・決議から外れる，別途独立性の高い委員会を設けて審議し取締役会に答申する，などの仕組みを取り入れる。
- 統合比率の算定においては，客観的な判断材料が取締役会や委員会に提供されるよう，独立性の高い第三者算定機関を選定する。また，別の機関からのフェアネス・オピニオンを取得するなど，客観性の向上に努める。

(5) 会社側の対応と投資家へのアプローチ

　アルパインは，特別配当の実施・統合後の還元強化の約束という一定の譲歩をする形で統合議案の可決につながった面はあるものの，その他の取り組みも他の株主の賛同を得るうえで効果が高かったと思われる。同社は，上記の親子上場における利益相反の懸念をできる限り低下させるための方策をほぼすべて実施し，開示している。具体的には以下のとおりである。

- 2018年6月の定時株主総会で，社内取締役1名減員，監査等委員である独立社外取締役1名増員を実施し，取締役会における社外比率を従前の20％から27％に向上（2024年現在では，3分の1以上の社外取締役比率はスタンダードとなってきているが，2018年当時においてはまだ2名以上の社外取締役を求めるのがスタンダードであった）。
- 従前より設置していた経営統合とその条件について検討する第三者委員会において，弁護士・会計士のバックグラウンドを持つ追加の第三者委員を2名選定し，計5名体制に強化。この取り組みの背景を「より独立性・専門性が高い専門家による十分な議論の必要性を指摘する株主からの意見を反映した」と説明。
- 第三者委員会において，SMBC日興証券による分析とは別個独立した第三者算定機関YCGを起用し，算定書・フェアネスオピニオンを取得。

- 取締役会においては，アルプス電気と利害関係を有するおそれのある取締役（監査等委員を含む）7名は審議・決議に不参加。

　また，上記の利益相反回避の取り組みのほかにも多くの株主が統合を支持した理由として，アルパインの株主に対する説明姿勢があったと思われる。アルパインは以下のような説明姿勢を示している。

①　運転資金に関する丁寧な説明

　これは，オアシスの「恣意的に約300億円の現預金を運転資金として取り扱うことで，実質的に1株当たり約400円の株主価値の低下をもたらし，少数株主の権利を害している。約300億円の運転資金は，オアシスが考える正当な運転資金の金額をはるかに上回っている。」との指摘に対して行われたものである。図表2-2のとおり，月間の資金流出入の状況，売掛金・買掛金・棚卸資産の回転月数の観点からの必要運転資金の考え方，グローバル展開において必要な現地通貨建て運転資金と実際の保有状況，などの観点から必要な運転資金の規模の合理性を丁寧に説明している。

図表2-2　アルパイン2018年6月定時株主総会招集通知より

　ア．当社の資本政策に関する考え方
　(a)　当社では，売掛金の回収のピークが月末であるのに対して，買掛金の支払いのピークが毎月20日前後となるため，通常，月末が現預金のピークとなる傾向にあり，過去5年の連結決算ベースで運転資金を捉えた場合，売掛金回転月数が1.5ヶ月～2.0ヶ月，棚卸資産回転月数が1.0ヶ月～1.5ヶ月，買掛金回転月数が1.0ヶ月～1.5ヶ月であったことから，運転資金確保の目安として1.5ヶ月～2.0ヶ月が標準的な水準と考えております。なお，この水準は，平成30年3月期の売上規模では約350～460億円に相当します。
　(b)　当社グループにおいては，米州，欧州，アジアなど（平成30年3月末時点で，グループ会社は14か国42社（子会社36社，関連会社6社）となります。）グローバルで事業を展開しており，海外での売上高が全体の85％を超えているところ，販売，生産，調達など各地域でのオペレーションを円滑かつ機動的に回すため，主要海外現地法人でUSドル，ユーロ，元，円などの複数の通

貨建てで一定程度の運転資金を確保しておくことが必要と考えております。なお，平成30年3月期期末の連結貸借対照表上の現預金（約537億円）のうち，国内で保有している現預金の比率は約30％となっております。

(c) 配当金や税金の支払い，車載向け業界特有のトラブル対応等の準備として，一定の現預金を確保しておくことが必要と判断しております。

(d) 大半の自動車メーカーは取引先に対し，定期的に財務データの提供を要求しており，安定的な財務基盤の確保は継続的な取引維持のための必須要件であります。特に当社グループのOEM事業は，全世界の自動車メーカーを対象にしているところ，これら自動車メーカーにあっては，生き残りをかけたグローバル競争から品質・価格・納期に関する要求が一層高まっており，こうした要求に応えるためには高い財務健全性を維持することが不可欠と認識しております。

(e) 当社の更なる成長に向けた潜在的なM&A等への資金需要に応じるための資金を確保しておくことも重要であると考えております。具体的には国内・海外のソフトウエア開発会社やオーディオ機器会社などを中心に，100億円程度までのM&A案件の検討は日常的なものとなってきております。

② 多くの開示とできる限りの質問に答える説明姿勢

アルパインは，図表２−３のとおり，経営統合の合意から臨時株主総会までの１年５か月の間，数多くの開示を行っている。期間が長かったからこその開示の多さという面はあるものの，株式交換比率に影響しうる通期業績予想の修正があればその影響の検証結果を開示したり，早い段階で統合後の取締役会体制を開示したり，二度の株主総会においては株主提案に対する会社見解の開示だけでなく，ISSレポートに対する見解，株主からの事前質問に対する見解を都度詳細に提示するなど，細やかな開示対応をしている。

特に，2018年12月４日に開示している「当社株主からの当社臨時株主総会における事前質問書に対する当社見解の公表に関するお知らせ」と，12月５日に開示している追加資料においては，オアシスからの質問だけでなく，個人株主からの質問にも答える形で，13ページにわたり説明を提示している。内容としては従来の開示からの引用も多いものの，株主からの質問に対してしっかりと向き合う姿勢を示している。

図表2－3　アルパインが2017-2018年度にかけて開示した経営統合に関係する資料一覧

2017/07/27	アルプス電気株式会社とアルパイン株式会社の経営統合に関するお知らせ
	持株会社体制への移行を伴う経営統合について
2017/12/04	当社とアルプス電気株式会社の経営統合に関する当社の考え方について
2017/12/22	アルプス電気株式会社による「吸収分割契約締結時期の変更に関するお知らせ」について
2018/02/27	2018年3月期通期業績予想の修正を踏まえた財務予測が株式交換比率算定に与える影響の検証結果に関するお知らせ
	アルプス電気株式会社とアルパイン株式会社の経営統合のスキーム変更及び持株会社名の変更に関するお知らせ
	経営統合のスキーム変更及び持株会社名の変更について
	財務予測検証実施の背景と検証結果について（2018年3月2日付けで訂正あり）
	本日の一部報道について
2018/04/20	株主提案に関する書面の受領のお知らせ
2018/04/26	2018年3月期 決算短信（連結）を掲載しました
	アルプス電気とアルパイン経営統合の進展及び統合後の取締役体制について
2018/05/02	「アルプス電気とアルパイン経営統合の進展及び統合後の取締役体制について」（2018年4月26日公表資料）についての補足説明
2018/05/09	株主提案に対する当社取締役会意見に関するお知らせ
	株主提案に対する当社取締役会意見に関するお知らせ（要旨版）
2018/05/25	第52回定時株主総会招集ご通知を掲載しました
2018/06/08	当社第52回定時株主総会に関するISSレポートに対する当社見解について
2018/06/19	第52回定時株主総会における当社株主による委任状勧誘関連資料の内容について
2018/06/20	当社株主からの当社第52回定時株主総会における事前質問書に対する当社見解の公表に関するお知らせ
2018/06/26	議決権行使結果を掲載しました
2018/07/27	アルプス電気株式会社とアルパイン株式会社との業務提携基本契約の締結に関するお知らせ

	ストック・オプションの発行等に伴うアルプス電気株式会社とアルパイン株式会社の株式交換契約の一部変更（簡易株式交換）に関するお知らせ
2018/09/27	アルプス電気株式会社との間の株式交換に関する臨時株主総会招集のための基準日設定及び剰余金の配当並びに最終検証に関するお知らせ
	（要旨）アルプス電気株式会社との間の株式交換に関する臨時株主総会招集のための基準日設定及び剰余金の配当並びに最終検証に関するお知らせ
2018/10/15	株主提案に関する書面の受領のお知らせ
2018/10/25	株主提案に対する当社取締役会意見に関するお知らせ
2018/11/02	臨時株主総会開催日及び付議議案並びに剰余金の配当の効力発生日の決定に関するお知らせ
2018/11/03	臨時株主総会招集ご通知早期開示のお知らせ
2018/11/15	当社とアルプス電気株式会社の経営統合に関する当社の考え方について
2018/11/26	当社臨時株主総会に関するISS レポートに対する当社見解について
2018/12/04	当社株主からの当社臨時株主総会における事前質問書に対する当社見解の公表に関するお知らせ
2018/12/05	アルプス電気株式会社とアルパイン株式会社との持株会社体制への移行を伴う経営統合（株式交換）に関する臨時株主総会の承認可決についてのお知らせ
	当社株主からの当社臨時株主総会における事前質問書（追加分）に対する当社見解の公表に関するお知らせ
2018/12/07	臨時報告書（議決権行使結果）を掲載しました

（出所）　アルプス・アルパイン株式会社ホームページ　旧アルパインのリリース一覧より

(6)　本件からの示唆

　機関投資家を含む株主から見ると，アクティビストから提示されたすべての論点に対して会社が反論・説明できているかは，重要な判断要素となる。会社側とアクティビストのどちらが状況を正しく示しているのか，正しい意見・判断なのか，ということは外部の株主からは判別しがたい面がある。しかし，そもそも論点に返しができていなければ考慮・検討の俎上にも乗らないということになってしまう。特に機関投資家株主においては，プランスポンサー（機関投資家に資金の運用を委託している年金基金など）に対する説明責任があるた

め，なぜ株主提案ではなく会社側の見解を支持したのかの理由を明確に説明できる必要があり，論点のすべてに一定の説明がなされていることは有用である。

　筆者が企業の支援をしている中で，経営陣や担当者が「このような指摘は，反論にすら値しない」というような反応を示されることも少なくない。会社側としては「単なる事実誤認であり，その旨を提示すれば，詳細に説明する必要はない」といった考えや，「言わなくても業界や商慣習の常識に照らせば当然，他の株主は我々を支持してくれるはずだ」といった期待を持ってしまう面がある。しかし，アクティビストとの対峙において「沈黙は肯定である」と考えたほうがよいと筆者は経験から感じている。

　例えば，あるケースでは，株主提案の主張に対して会社側が当初，「事実誤認である」という限られた説明にとどめた。その後，段階的により詳細の説明を開示し，追加的な施策も発表する，という五月雨式な対応となっていった。

　また，別のケースでは「当方の体制に問題はない」との主張にとどめたものの，株主や議決権行使アドバイザーの反応を踏まえ，追加施策を開示する対応を取った。

　こうした対応は，アクティビストや株主からの主張に押されてそのような対応に追い込まれた，という印象を強め，会社側には元来そのような問題意識が足りていなかったと解される。その観点で，初動において可能な説明は出し切る，五月雨式に説明を追加しない，という姿勢が重要と思われる。

　会社側からは，「最小限の説明・対応で済ませたい」という意向もよく聞かれる。手間やコストの観点や，すべての社内情報を把握している会社側からはアクティビストの要求が「不合理な要求である」ように見えている場合も多いため，そのような主張に真向から向き合いたくないという意識もあるだろう。しかしながら，社外の一般株主からは不合理な要求には見えていないことも多い。それがいかに不合理であるか，説明を尽くさなくては伝わらないという意識が重要であろう。最小限の説明ではアクティビストの執拗な攻撃に対して耐え切れない場合が多いこと，他の株主からも開示・説明の要望が強く出てくるケースが多いこと，さらに後から開示情報を追加することはアクティビスト以外の株主も含めて会社の資本市場と向き合う姿勢に疑問を生じさせることなどから，最初から可能な限り説明を尽くす，というスタンスをお勧めしたい。

その観点で，アクティビストや他の株主からの指摘や疑問に対して，すべて受け止めて見解を返答する，というアルパインの姿勢は高く評価されるものであったと考察する。

2　シルチェスターによる地方銀行四行への増配提案

次に，アクティビストにとっての「本丸」ともいえる増配の株主提案，すなわち資本政策に関する問題を取り上げたい。アクティビストは多様な株主提案を行うが，その最終的な目的は自身のファンドの経済的リターンを上げることであり，株価の上昇か，株主還元の増加がゴールである。実際に，アクティビストの株主提案には株主還元に関するものが多く，2023年6月株主総会においては，44社に対して提出された株主提案のうち33社で増配・自己株式取得等の議案が含まれている[1]。

ここでは，シルチェスター・インターナショナル・インベスターズ（以下「シルチェスター」という）が，2022年6月の株主総会において，岩手銀行，滋賀銀行，京都銀行（2023年10月1日より京都フィナンシャルグループへ社名変更），中国銀行の4つの地方銀行に株主提案を行った事例を取り上げる。

提案内容は四行に共通して増配を求めるもので，その背景には，同行らの資本効率性の課題と保有する政策保有株式の問題がある。純資産に占める政策保有株式の割合は四行で大きく異なるが，20%程度から100%を超える高い水準となっている。日本企業全体で見ると，総資産に占める政策保有株式の帳簿価額の比率は平均が4.5%，中央値が2.0%である[2]。

四行の中で滋賀銀行を例にアクティビスト，企業，投資家のそれぞれの主張・意見を見ていく。

(1)　シルチェスター・インターナショナル・インベスターズの概要

シルチェスター・インターナショナル・インベスターズ（以下「シルチェス

1　三井住友信託銀行調べ
2　円谷昭一，柳樂明伸，金鐘勲『政策保有株式と会計数値の関係』月刊資本市場（No.417），2020年

ター」という）は，長年日本株への投資を行っており，これまでに多くの日本企業に大量保有報告書を提出している。保有期間は中長期であり，大量保有報告書の記載からは保有期間が 5 年を超えるものも多く見られる。

　日本企業に対する株主提案は，2022年の 4 地方銀行に対するものが初めてであったため，それまでは「穏健派アクティビスト」と認識されることが多かった。ただし，実際にシルチェスターが株主となった企業においては，年数回のIR面談のほか，社外取締役との面談要請など，頻回かつ要求度の高いエンゲージメントを行う投資家である。また，議決権行使においても，企業の業績・資本効率性などを理由として剰余金処分案や取締役選任議案に対する反対行使をしているケースも多い。本件で紹介する地方銀行への株主提案以降，2023年には大林組に対しても増配の株主提案を行っている。

⑵　本件におけるシルチェスターの提案と意見

　シルチェスターは，滋賀銀行に対する株主提案の内容とその理由について，以下のように主張している。

> ・当行提案の配当金額に加えて， 1 株当たり110円を配当することを求める。
> ・当行の純利益のうち，コア事業に直接関連しないもの（具体的には当行が保有株式に関し受け取る配当金）の100％，コアの融資事業からの純利益の50％を配当すべきである。
> ・上記配当を実施したうえでも，コアの融資・銀行業務から発生する利益の50％を保持でき，自己資金による銀行事業の拡大を行ううえで，十分な資金的なゆとりを持つことが可能である。

⑶　会社側の対応

　これに対し，滋賀銀行は株主提案に反対するとし，その理由を以下のように説明している。

> - 2022年3月期は，年間配当80円に加え，約25億円の自己株式の取得を実施した。今後は，総還元率40％を目安に取り組む方針である。
> - 地域の発展を支える金融機関として，経営基盤を強化する必要があり，基幹系システムの更改等多額の投資が必要である。
> - 地域経済を支えるため，適切な利益を確保しながら資本の充実を図り，盤石な財務基盤を築くことが必要である。

⑷　本件に対する機関投資家の見方

こうした株主提案・会社側の主張に対して，機関投資家は以下のような論点で検証を行っている。

株主提案賛成派の論点	・低ROE，低PBRを打開するために，積極的株主還元が必要である。 ・当行の自己資本比率は，地方銀行平均や規制で求められる水準を大きく上回り，株主還元により財務は毀損されない。 ・政策保有株式が純資産の7割近く，BSの適正化を求める。
株主提案反対派の論点	・会社側のこれまでの取り組みで配当性向，総還元性向は向上しており，評価できる。 ・配当額の決定は，過小・過大でない限り会社判断に委ねられるべきであり，会社側の配当は過小とまではいえない。 ・銀行の公共性から，財務の安定性確保は重要である。

⑸　株主提案の決議結果と賛否の状況

本株主提案は株主総会で否決された。議案への賛成率は23.09％[3]であり，国内・海外の純投資機関投資家株主の半分程度が賛成行使をしているものと考えられる[4]。

本株主提案に対し，議決権行使アドバイザーであるISSは，上記株主提案賛成派のような観点を踏まえて賛成推奨を行っているため，海外のパッシブ運用

3　同行『臨時報告書』2022年6月28日より
4　同行『第135期 有価証券報告書』株式等の状況より，筆者が試算

の運用機関を中心に，その推奨意見を踏まえた賛成が多くあったと考えられる。

　そのほか，主要な機関投資家株主においては，図表2－4のとおり，賛否が分かれている。三菱UFJ信託銀行は「株主提案の配当を実施しても，財務の健全性上問題はなく，資本の効率性は高まるものと考えることから，賛成」としている一方，りそなアセットマネジメントは「今後の投資や事業展開等に影響が出る可能性を考慮。企業とのエンゲージメント内容を踏まえ，株主提案に反対」としているなど，見方が分かれた結果である。

図表2－4　主要な日系・外資系純投資機関投資家による賛否状況

賛成投資家	三菱UFJ信託銀行，大和アセットマネジメント，三井住友DSアセットマネジメント，朝日ライフ アセットマネジメント，明治安田アセットマネジメント，フィデリティ投信，ゴールドマン・サックス・アセット・マネジメント
反対投資家	三井住友トラスト・アセットマネジメント，アセットマネジメントOne，りそなアセットマネジメント，野村アセットマネジメント，日興アセットマネジメント，ニッセイアセットマネジメント，東京海上アセットマネジメント，三菱UFJ国際投信，ブラックロック，アムンディ・ジャパン

⑹　機関投資家の考え方と本件からの示唆

　機関投資家が配当など株主還元の議案を検討する際には，大きく2つの考え方がある。

　1つは，通常の会社提案を検討する際の議決権行使基準に照らし，会社側の還元案に問題がないと判断される場合にはさらなる還元を促す株主提案に賛成はしない，という考え方である。多くの機関投資家は，配当性向・総還元性向やROEなどの業績で定量的に株主還元の議案を判断する基準を設けている。例えば，配当性向30％，ROE5％以上という基準を持つ投資家においては，当該企業がこの基準を満たしている限りにおいては，それ以上の還元強化の要請は対話などのエンゲージメントを通して行うべきであり，株主提案のような強いエンゲージメント手段によるべきではない，という考え方になる。

　もう1つの考え方は，株主提案の判断において議決権行使基準はいったん考

慮の外とし，会社側還元案と株主提案側還元案をフラットに比較し，どちらが
より中長期的な企業価値の向上に資するかを検討する，というものである。

　日系の機関投資家においては，かつては前者の考え方が強く，株主提案に賛
成することは稀であったが，近年では後者の考え方にシフトしてきている。し
かしながら，還元の適正水準は企業内の詳細な情報を踏まえて決定されるのが
本来は適切であり，外部の株主による判断には限界があるとの認識も共有され
ている。そのため，取締役会が適切に監督機能を発揮できるよう体制・構成を
整え，株主に代わり取締役会に適切な判断をしてもらうことがより重要である，
との観点も強く意識されるようになっている。

　このような機関投資家の考え方を踏まえ，企業側に求められるのは以下のよ
うなことであるといえるだろう。

---

①　最低限の水準として，機関投資家の議決権行使基準に抵触しない還元
　水準，ROEなどの資本効率性水準，自己資本比率などの適切なバラン
　スシート構造を整える
②　それに加え，自社の事業継続に必要な資本の確保と効率性のバランス
　を踏まえた最適資本の考え方を提示したうえで，整合性のある還元姿勢
　を示す
③　このような経営判断の適切性を株主が信頼できるよう，コーポレート
　ガバナンス体制が適切に構築され，実効性をもって運用されていること
　を示す

　シルチェスターによる株主提案を受けた四行は，それぞれ，株主提案の発表
に前後して図表2−5のような対応を行っている。前述のプロフィールのとお
り，シルチェスターは比較的中長期で株式を保有し企業との密なエンゲージメ
ントを要望する傾向があることから，企業側は株主提案以前から提案内容にか
かわる要望を受け，提案の可能性も示唆されていた可能性が高い。したがって，
株主提案発表以前に発表された配当施策なども，株主提案への対応を意識した
ものであった可能性が高いと考えてよいだろう。

　このように，銀行側が増配，自己株式取得の発表，還元方針の改訂等を発表

したことは資本市場から好感され，株主提案への賛成率を一定水準以下に抑えることに貢献したと考えられる。こうした，アクティビストからの要求を踏まえて還元策を変更することは，従来株主に向き合ってこなかった証左であるとの見方もあるが，多くの場合は，株主に向き合うきっかけの1つとして前向きに受け止められる。

しかしながら，初年度のみならずそのような対応が繰り返される場合や，還元強化は示されたものの本質的な資本使途・資本効率性の問題や，政策保有株式の観点に対する取締役会の見解が説明されない場合，継続的な株主からの賛成獲得が難しくなっていくことに留意が必要である。

図表2-5　四行における株主総会前後の資本政策面での対応・開示

京都銀行	● 2021年12月，従来の配当性向30％から総還元性向50％へ還元方針の変更を発表，2022年3月期から適用することを提示。 ● 2022年1月，2022年3月期配当額を60円から100円へ増配することを発表。
滋賀銀行	● 2022年5月，配当性向30％から40％への還元方針変更を発表，2023年3月期から適用することを提示。 ● 2022年3月期の配当は，2021年11月時点でいったん40円から60円への増配を発表済みだったが，2022年5月に再度80円への増配を発表。
岩手銀行	● 2022年3月に，配当性向30％を目安とする方針を発表。 ● 同時期に，2022年3月期配当額を60円から80円に20円増配する旨を発表。
中国銀行	● 2022年3月に，2022年3月期配当額を60円から80円に20円増配する旨を発表。 ● さらに2022年5月に，発行済株式総数の0.5％に当たる自社株買いの実施を発表。

3 事業戦略と取締役会のスキルマトリクス（JR九州の事例）

次に，事業戦略と取締役会のスキルマトリクスが焦点となったファーツリー・パートナーズ（以下「ファーツリー」という）による九州旅客鉄道（以下「JR九州」という）への株主提案の事例を紹介したい。

2021年に改訂されたコーポレートガバナンス・コードにおいて，下記のとお

り，いわゆるスキルマトリクスについて会社が考え，開示することが求められるようになった。

> コーポレートガバナンス・コード　補充原則4−11③
> 　取締役会は，経営戦略に照らして自らが備えるべきスキル等を特定した上で，取締役会の全体としての知識・経験・能力のバランス，多様性及び規模に関する考え方を定め，各取締役の知識・経験・能力等を一覧化したいわゆるスキル・マトリックスをはじめ，経営環境や事業特性等に応じた適切な形で取締役の有するスキル等の組み合わせを取締役の選任に関する方針・手続と併せて開示すべきである。その際，独立社外取締役には，他社での経営経験を有する者を含めるべきである。

　アクティビストからの株主提案においても，独自の取締役候補者が立てられることは多く，その際に提案理由として当該企業の取締役会に必要なスキルが欠けているから，といった説明がなされる。また，そもそもの社外取締役の比率に対する要求も高まっており，2023年6月の株主総会においては，Dalton Investments，Nippon Active Value Fundの2社から，14社に対して，取締役の過半数を社外取締役とする旨の定款変更議案が提出されている[5]。

(1)　ファーツリー・パートナーズの概要

　ファーツリーは，米国のニューヨークで1994年に設立された投資家で，グローバルに株式投資を行い，「株主エンゲージメントが投資家にとって価値を生み出す可能性がある場合，Fir Treeは，価値を特定するだけでなく創造するために，Positive Activism® アプローチを用いる」（同社ホームページより）としているアクティビストである。

　過去には，米国の大手レンタカー会社であるHertz Global HoldingsのCEO解任の提案（2014年，他のアクティビストからの提案も受け，会社側はCEO辞任を発表）や，米国の天然ガス会社SandRidge EnergyによるBonanza Creek

---

5　三井住友信託銀行調べ

Energyの買収に対する反対表明（2017年，他のアクティビストからの提案も
受け，会社側は買収の断念を発表）などの活動で知られている。日本企業に対
しては，大量保有報告書をこれまでに提出していた企業はJR九州のみであり，
株主提案を行ったのも同社に対してのみである。

(2)　本件の経緯と株主提案の内容

　ファーツリーは，JR九州に対して，2019年と2020年の2年連続で株主提案
を行った。2019年には，720億円を上限とする自社株買いなどを提案し株主総
会では否決されたものの，その後，JR九州は100億円を上限とする自社株買い
を実施すると発表した。続く2020年には，以下の2種・4議案の株主提案を
行った。

- 第4号議案：定款一部変更（収益，EBITDA，NOIおよび鑑定NOI利回
りの開示）
- 第5号議案：取締役（監査等委員である取締役を除く）1名選任の件
（竹井史代氏）
- 第6号議案：取締役（監査等委員である取締役を除く）1名選任の件
（元吉大蔵氏）
- 第7号議案：取締役（監査等委員である取締役を除く）1名選任の件
（長尾佳子氏）

　ここでは，特に取締役の選任議案について，アクティビストと会社のそれぞ
れの意見と機関投資家がどのような見方をしたかを見ていく。
　JR九州およびファーツリーによる取締役候補者は図表2－6のとおりであ
る。

図表 2 － 6　JR九州　2020年6月株主総会における会社および株主提案の取締役候補者

提案者	候補者名	賛成率（%）	役職等およびバックグラウンド・スキルにおけるキーワード
会社	唐池恒二	91.88	代表取締役会長執行役員 取締役会議長
	青柳俊彦	91.99	代表取締役社長執行役員 最高経営責任者，監査部担当
	田中龍治	91.99	取締役専務執行役員 事業開発本部長
	古宮洋二	92.00	取締役専務執行役員 鉄道事業本部長，北部九州地域本社長，上海事務所担当
	森亨弘	91.84	取締役常務執行役員 最高財務責任者，総合企画本部副本部長，経営企画部長，IT推進部，財務部担当
	福永嘉之	92.00	上席執行役員 鉄道事業本部副本部長，クルーズトレイン本部長，運輸部長
	貫正義	83.30	九州電力相談役 上場企業経営経験，九州経済界，地域経済の開発振興，インフラ産業におけるサステナブル経営
	桑野和泉	76.05	玉の湯社長 経営経験，観光，地域のまちづくり
	市川俊英	93.00	三井不動産顧問 上場企業経営トップ，住宅開発・ビル事業等，まちづくり，不動産・住宅事業，当社グループが志向する都市開発プロジェクトの規模や複合性に類似した案件における高度なスキル・ノウハウ
	浅妻慎司	93.00	元関西ペイント取締役 管理業務，法務，財務，会計，IR活動，財務戦略，経営の専門家
	村松邦子	92.29	ウェルネス・システム研究所代表取締役 外資系半導体メーカー，広報部部長，企業倫理室長・ダイバーシティ推進責任者，持続可能な社会の土台作り，企業倫理，CSR，ダイバーシティ，ESG経営 日本プロサッカーリーグ理事，地域振興，九州への知見

株主	竹井史代	32.60	東京トラストキャピタル株式会社（東京）マネージング・ディレクター 国内外ファンドマネジメント，不動産投資，プライベート・エクイティ企業，事業投資，資産運用会社代表取締役，不動産ポートフォリオのディール・ソーシング／取得／運営／資金調達／資産管理業務，修士号（財務会計／戦略経営／不動産投資），宅地建物取引主任者，フィナンシャル・プランナー
	元吉大蔵	24.84	株式会社LIXILグループ常務役員 国内外会計，ファイナンス，資産運用，監査，金融，ガバナンス，米国CPA，アナリスト，ポートフォリオ・マネージャー，IR，M&A，内部監査，リスクマネジメント
	長尾佳子	15.10	Toniic Global　メンバー クレディ・スイス証券，ドイツ銀行，GIC Real Estate，Meadpoint，ファイナンス，不動産投資，日本での大規模不動産投資，国外の不動産投資戦略，Harvard Alumni Associationアジアディレクター，ESG，インパクト投資

（出所）　同社「第33回定時株主総会招集ご通知」および「臨時報告書の訂正報告書（2020年10月12日）」より（※バックグラウンド・スキルにおけるキーワードは，筆者が資料を基に編集している。）

(3)　ファーツリーの提案と意見

　ファーツリーは，株主提案内容とその理由について，以下のように主張している。

- COVID-19は当社の業績に深刻な影響を与えており，借入れによる資本強化，非中核資産の売却，設備投資の削減，情報開示の向上を通じ，資本のてこ入れが急務である。この危機を乗り越え，その後の機会に備えるためには貸借対照表を適正化すべきである。
- 取締役会は低コストでの投資機会・資金調達のタイミングを見極め，説明責任に耐えられない無計画な投資を抑止し，透明性ある開示を行うことが必要であるが，現取締役会は十分な説明責任を果たしていない。

- 〈竹井氏の提案理由〉不動産投資や資産運用，ファイナンスの経験に乏しく，ガバナンスの問題を抱える現取締役会に，この危機を乗り越える能力はない。当社が現在直面している課題や不動産投資を柱に据えた成長戦略に鑑み，不動産投資，ファイナンスおよびガバナンスの豊富な経験が必要である。〈元吉氏の提案理由〉住宅ローン融資やエステート・ワンをめぐる不正をはじめ，当社のガバナンスの欠如に鑑み，リスク・マネジメントや監査，ガバナンスの知見が不可欠である。〈長尾氏の提案理由〉借換え等の資金手当て，非中核資産の処分を通じて資本コストを抑制し，現在の危機的状況を乗り越えるためには，財務・資産運用・不動産投資の豊富な経験を有する専門家が不可欠である。また，現取締役会には，ESG・インパクト投資の人脈・経験を有する人材がいない。

　なお，株主提案の説明の中で，ファーツリーは，「この2年間，国内の優秀な経営者を精査し10人以上を当社に紹介しましたが，いずれも現取締役会に起用されることはありませんでした。」としている。

⑷　会社側の対応

　これに対し，JR九州は株主提案に反対するとし，以下のようにその理由を説明している。

- これまでにコーポレートガバナンス強化に向けた取り組みを行っている。昨年の定時株主総会において，不動産事業，財務およびIRの各分野に関して豊富な経験と高い見識を有する2名の独立社外取締役を新たに選任している。
- 資本過多のバランスシート改善について，CFOを明確化したうえで，最適資本構成の実現に向けた検討を実施。株主還元方針の変更を発表したほか，自己株式の取得（100億円）も決定している。事業ポートフォリオの見直しの結果として，3件の事業売却も行っている。

- 新取締役会体制は，上記の取り組みに加え，独立社外取締役が過半数，女性取締役も複数となり，村松氏の選任により強化されるESG経営の知見も含め，当社に必要とされるスキルセットを備えた多様性のある構成である。
- 新型コロナウイルスの厳しい事業環境において，新規投資よりも既存の事業運営（オペレーション）が経営の中心を占めつつあるなか，株主提案候補者は当社の現状に適合しない。新任取締役の割合を急激に高めることが適切な時期ではない。

(5)　議決権行使の状況から見る本件に対する機関投資家の見方

　会社提案候補者の賛成率は，76.05～93.00％で，賛成率が低かったのは社外取締役の桑野和泉氏（玉の湯社長，76.05％）と貫正義氏（九州電力相談役，83.30％）であった。他の社外取締役は賛成率が93％程度であることから，反対票はほぼこの2名に集中したことが見て取れる。

　一方，株主提案候補者3名の賛成率についても，竹井史代氏32.60％，元吉大蔵氏24.84％，長尾佳子氏15.10％と，候補者によって差が大きい。

　なお，JR九州の定款における取締役（監査等委員を除く）員数は12名であるため，会社提案の候補者11名に全員賛成したうえで賛成票を投じられる株主提案候補者は1名である。株主提案候補者に2名以上賛成するためには，会社提案候補者に反対票を投じる必要がある。

　機関投資家の議決権行使結果を見ると，株主提案全賛成派というケースは少なく，図表2-7のような行使パターンであった。多くの投資家は，会社側に否定的で株主提案を全面支持するという考え方ではなく，会社側の見解を支持する，あるいは支持はしたうえで株主提案により取締役会に新たな視点が加わることはポジティブに評価するとの考え方を取ったと考えられる。

図表２－７　JR九州への株主提案に対する議決権行使パターン

行使パターン	パターンに当てはまる投資家の例
会社提案：全11名に賛成 株主提案：全３名に反対	・多くの日系機関投資家，Black Rock　など
会社提案：全11名に賛成 株主提案：１名に賛成	・日興アセットマネジメント，Vanguard　など
会社提案：１名に反対 株主提案：２名に賛成	・多くの外資系機関投資家 ・ISS（議決権行使アドバイザー）
会社提案：２名に反対 株主提案：全３名に賛成	・明治安田アセットマネジメント ・Glass Lewis（議決権行使アドバイザー）

⑹　本件からの示唆

　以上のとおり，本件では会社側の提案が一定の支持を受けた，と見ることができる。会社側が，機動的な株主還元の姿勢を示していたこと，具体的な開示充実の取り組みを進めてきたこと，CFOを明確化するなど目に見える資本効率性に配慮した経営に向けた取り組みを行っていることなどが評価されたものと考えられる。

　コーポレートガバナンス体制についても，JR九州は，図表２－８のような取り組みを経年で実施してきたことを開示している。特に，2020年６月の株主総会議案においては，独立社外取締役が過半数を占めると同時に女性取締役も複数としたことは，３人中２人が女性である株主提案に賛成してさらに独立社外取締役および女性取締役の比率を高める必要性は高くないとの投資家判断につながった可能性は高いだろう。

　このように，2019年から2020年にかけてJR九州はさまざまな対応に取り組み，「変化」を起こしてきたことが株主に評価された面は大きかっただろう。こうした変化を踏まえ，JR九州に対する株主・投資家の評価は高まり，そのような高い評価は2023年末時点でも継続していることが他の電鉄銘柄との株価パフォーマンスの比較の面でもうかがえる。

　ところで，取締役のスキルという観点では，明確な「ファイナンス」，「リスクマネジメント」などのスキルにフォーカスした株主提案を支持する声も投資家からは聞こえた。会社側の「金融機関や地元コミュニティとの関係，地域経

済への理解が重要」といった定性的な説明は，説得力に欠けるとみなされる場合もあるだろう。このような説明によって支持を得るためには，「金融機関や地元コミュニティとの関係，地域経済への理解が重要」といった当該企業にとっての価値の源泉について平常時からどれだけ発信できていたかにかかってくる。

　また，本総会においては，独立性を高める，多様性を高めるという取締役会全体としての論点がよりフォーカスされたと思われるが，そのような枠組みが整った次の段階としては，個々の取締役のスキル（専門性，知見，経験）に論点が移っていくことが想定される。2021年度以降はファーツリーによる株主提案はなされていないが，もしなされていたとしたら，取締役会のスキルマトリクスという観点での議論がより多く取り上げられたかもしれない。

図表2－8：JR九州によるコーポレートガバナンス体制強化の取り組み

2018年度	● 監査等委員会設置会社に移行 ● 機関設計の変更に併せて，執行役員制度を導入 ● 取締役会実効性評価の第三者評価を導入 ● 指名・報酬諮問委員会の設置（議長には社外取締役を任命）
2019年度	● 最高財務責任者（CFO）の明確化 ● 不動産，IR・財務に知見のある社外取締役2名を増員 ● 社外取締役比率を53.3%（8／15）に引き上げ ● 業績連動型株式報酬制度「株式給付信託」の導入 ● 取締役報酬額の改定 ● セグメント経営の強化（駅ビル，ホテル事業のHD化，セグメント区分の変更）
2020年度以降	● ガバナンスの高度化は常に重要な経営課題と認識 ● 形式と内容の双方について，不断のガバナンス改善・強化を行っていく

（出所）　同社招集通知より抜粋

⑺　投資家が求める／評価するスキルマトリクス

　最後に，投資家が求める／評価するスキルマトリクスのポイントについて触れたい。昨今，株主総会における取締役選任議案にあたって，スキルマトリクスを提示するということは一般的になっているが，一方で「とにかくスキルマトリクスを出せばよい」という風潮もまだ残っているように思われる。招集通

知の取締役選任議案の各候補者を紹介する冒頭にただ「一覧表」として掲示しているだけのような例も見られる。スキルマトリクスとは何かを改めて考えると，投資家が求めているスキルマトリクス策定のプロセスは以下のように整理できる。

---

① 自社の長期的なビジョン
② ビジョンを実現するにあたり，現在の経営環境下における中期的な経営計画と，その達成のための戦略
③ このような経営を適切なリスクテイクの範囲内で監督・後押しするには，自社のコーポレートガバナンスをどのように設計すべきか
④ そのコーポレートガバナンスを有効に機能させるためには，取締役会はどのようなメンバーで構成されればよいか

つまり，投資家から見ると①②③の前提が示されていないスキルマトリクスはただの一覧表であり，評価されない，ということになる。したがって，他社のスキルマトリクスを参照する際には，その表の部分だけではなく，招集通知全編を通して参考にするとよいだろう。

ただ，そうはいっても，スキルマトリクスを作成するうえでのテクニカルな部分で悩んでいる企業も多い。そこで，以下にこれまでにスキルマトリクスの作成を試みた企業からの相談事項と筆者からご案内した内容を，参考までにご紹介する。

⑻　企業から寄せられたスキルマトリクスについてのQ&A

Q1 スキル項目として何を立てるかを考えるにあたって，他社の事例を教えてほしい。

A 項目として「財務」，「人事」，「法務」などの項目は多くの企業で共通して挙がるので，参考になるだろう。しかし，先に述べたとおり，投資家がスキルマトリクスを通して期待しているのは，「自社の取締役会に必要なスキルは何か」を自社の環境・事業・経営を踏まえて真剣に考えることであるので，あま

り他社事例にこだわらないほうがよい。

> **Q2**　スキルマトリクスを作成するのに，他社事例に「ガバナンス」という項目があったため当社もこれを入れることを検討したが，取締役から「ガバナンスに対する理解は取締役であれば必須であるから，全員に○をつけるべき」といわれたが，それでよいのか。

A　ガバナンスを項目に挙げている企業は確かにあるが，例えば「内部統制・ガバナンス」であったり，「ガバナンス・リスクマネジメント・人事」など，その企業において必要とされる狭義の意味で定義をしているケースが多い。広義でのガバナンスのように，全候補者に○がつくような基礎的なスキル・知見であれば，マトリクスに表示する必要はなく，スキルマトリクスの前段階として設定する当社の取締役に求められる資質として，共通項として記載すれば十分であろう。

> **Q3**　最近は「サステナビリティ」という項目を立てている企業も多いように思うが，そもそもサステナビリティのスキル，というのは何をもって判断するのか。

A　まず，投資家は，サステナビリティと呼べる分野は非常に広く，その企業にとってのサステナビリティの重要課題（マテリアリティ）が特定されていることが重要と考える。各社におけるサステナビリティの重要課題に合わせ，水，脱炭素などの環境問題，人材マネジメントなど，より具体的な分野を特定して考える，ということは一案であろう。

　また，海外における事例を見ると，サステナビリティのスキルを保有するメンバーの経歴は多様である。ジェイ・ユーラスが発行するニューズレター[6]にて詳述しているため，その内容を抜粋して紹介する。

6　前園智子『JEurus News Letter 2023年3月号』2023年3月31日

> **参考** 英国企業 Severn Trent Plc のスキルマトリクス
>
> ESG優良企業として，英国の水道事業会社であるSevernTrentPlcを取り上げる。SevernTrentPlcは，TheCharteredGovernanceInstituteUKandIrelandにより，2022年のESGイニシアチブ，及び，アニュアルレポートの分野で，最優秀企業に選定されている。（中略）
>
> SevernTrentPlcの開示によれば，取締役会では，サステナビリティ（気候変動を含む）のスキルを5人が保有している。（中略）以上から，サステナビリティのスキルを保有するメンバーの経歴は，企業の経営経験者から，ESGに関連する公的な機関のヘッド，環境や規制に関する部門のヘッドなど，さまざまであることがわかる。日本では，サステナビリティのスキルの保有者というと，その分野の専門家やESGコンサルタントなどを想定する場合が多いようだが，同社においては，サステナビリティの意味をより広く取っている。上記の5人は，そのキャリアが何等かの形でサステナビリティの分野に関わっているが，全員が同分野の専門家というわけではない。これは同社に限ったわけではなく，他の英米企業でもよく見られる事例である。日本企業においても，特定の専門家にこだわることなく，サステナビリティに関する知見をそのキャリアのある時期を通して得ている人物を社外取締役として迎えることで，この分野におけるスキルの充実が図れるだろう。

（出所）J-Eurus IR News Letter 2023年3月号（前園智子）

Q4 取締役全員に，ご自身が当てはまるスキルセットについてのアンケートを取ったところ，ある方は非常に控え目で事務局の目から見て○をつけるのがふさわしい項目に○をつけず，ある方は元経営者であるならばすべての項目に広く精通しているのが当然であるとの信念からすべてに○をつけられた。このような場合，どう開示すればよいのか。

A 「スキル」として求められる専門性の度合いや，自己認識と客観性のギャップは難しい問題であるが，「自己申告」以外に「取締役会・指名委員会として，その方に何を求めているか」の視点もスキルマトリクスには必要であるとの共通認識を，取締役において醸成することは有効だろう。今後に向けては，取締役会・指名委員会として，新任の候補者に就任を依頼する際に，どのような面で取締役会に貢献していただくことを期待しているのか，という点を明示することも1つの開示方法だろう。

Q5　スキルマトリクスを作成してみたところ，偏ったスキルであることが明白である。このような場合は，開示をしないほうがよいのだろうか。

A　YesでもありNoでもある。もし，48頁に記載した①から④のプロセスを経てスキルマトリクスを作成され，その結果としてあるべき姿との乖離を認識し，今後の改善につなげる，という途中経過であるならば，あえて開示をすることもありうるだろう。日本企業においては，「結果が出てから，きれいにしたものを出したい」との意識が強いが，投資家においてはむしろ「取り組みの途中でも方向性を開示し，その後，改善が達成された」ことのほうが高く評価される傾向がある。一方で，「現在の取締役会の構成ありきでマトリクスを作ってみたら偏っていた」という状況で，改善の方向性も明確でないのならば，開示はお勧めしない。

4 　企業価値向上策の有無が争点となった東芝機械（現：芝浦機械）の事例

　2020年1月，村上系ファンドが東芝機械の発行済株式数の過半数の取得を通じて，経営権の実質的な掌握を目指したケースについて詳しく見てみよう。

　有事導入型の買収防衛策が株主によって初めて承認された特殊な事例として注目を浴びたが，実際は東芝機械の経営を誰に任せることが真の企業価値向上につながるのかが争点となった。同時に，実際は事業経営に関心のないファンドが，部分的TOBによって実質的な経営権を取得することが可能となってしまう問題が浮き彫りになった。

　アクティビストの活動は水面下での要求や，定時株主総会における株主提案，臨時株主総会の招集請求が中心ではあるが，村上系ファンドはさらに，企業に対して事実上の買収を仕掛けたり，経営権の獲得を目指すような活動も多く見られる。東芝機械の事例を紹介するにあたり，まずは村上系ファンドのこれまでの動きについて触れたい。

(1)　村上系ファンドの概要

　初期のいわゆる「村上ファンド」は通商産業省（当時）の官僚であった村上

世彰氏が1999年に株式会社エム・エー・シーを設立したことにさかのぼる。野村證券出身の丸木強氏（現・ストラテジック・キャピタル代表取締役）や，元警察庁官僚でボストンコンサルティンググループ出身の滝沢建也氏といった中心メンバーを擁し，株式会社M&Aコンサルティング，株式会社MACアセットマネジメントといった中核会社が，企業の買収・合併や投資を行っていた。2006年にいわゆる「村上ファンド事件」と呼ばれるインサイダー事件を起こすまでの7年間に，何件もの敵対的TOBを実施したことで「モノ申す株主」として一気にその名が知られることになった。

①　日本初の敵対的TOB（2000年）

　東証二部に上場していた昭栄株式会社（現・ヒューリック，「以下「昭栄」という）は，芙蓉グループに属する安田財閥系の名門企業であった。昭栄は優良不動産や政策保有株式といった資産を600億円以上保有していたが，当時の時価総額は100億円程度であり，PBRは0.5倍を下回っていた。そこに目をつけた村上ファンドは昭栄に対して経営改革の必要性を説いたものの，はっきりとした反応が得られなかったことから，2000年1月にTOBに踏み切った。

　昭栄からTOBに対する反対表明が発せられたことで，日本初の敵対的TOBとして知られることになった。TOB直前の昭栄の株価は800円台後半で，TOB価格は1,000円に設定されていたが，TOBの最終日までに市場価格がTOB価格を上回ってしまったことや，大株主であった富士銀行（現・みずほ銀行）やキヤノンなどの賛同を得られなかったこと，さらに経営陣側も不採算部門の撤退などを発表したから，TOB期日までに集まった株式数は6％強に止まり，失敗に終わった。

②　東京スタイル事件（2002年）

　1949年創業の東京スタイルは，東証一部上場の名門婦人服メーカーであった。2002年2月期当時の同社の連結売上高は625億円であったが，現預金・有価証券など合わせて1,300億円を超える資産を有しており，その豊富な内部留保を原資としたファッションビルの建設計画を発表していた。

　これを阻止すべく村上ファンドは同社株式を買い増し，9.3％を保有する筆

頭株主となり，同年5月の同社株主総会において「1．ファッションビルへの
投資を中止」，「2．自社株買いの実施」を要求した。対抗した同社の経営陣は
増配と自社株買いを提案し，両者は委任状争奪戦を繰り広げたものの，結果は
村上ファンドの敗北に終わった。しかし「会社は誰のものか？」という観点で
日本中から注目を集める結果となった。

　なお，その後の東京スタイルは業績が振るわず，2011年に同業のサンエー・
インターナショナル（東証一部上場）と経営統合しTSIホールディングスが発
足。経営権はサンエー側が握ることとなり，2019年には旧東京スタイルが展開
していたすべての事業をサンエーに移管し，結果として東京スタイルは休眠会
社となり，資本市場から消滅した。

③　村上ファンド事件（2006年）

　村上ファンドはその後も，アクティビスト株主として多数の企業に介入し，
経営陣に強烈なプレッシャーをかけ，活用されていない内部留保を株主のもと
へ還元させる要求を続けていた。

　一方，堀江貴文氏が率いるライブドアが35％保有する筆頭株主となっていた
ニッポン放送の株式を，村上氏側も大量に保有していた。村上氏は，ライブド
アがニッポン放送株式を大量に購入するという決定を事前に知ったうえで，
ニッポン放送株式が高騰すると同時に株式を売却するというインサイダー取引
を行ったことで起訴され，有罪判決を受けることになり，ファンドは解散に追
い込まれた。村上氏は保釈後シンガポールに拠点を移し，しばらくはチャリ
ティ活動などに従事していたが，執行猶予の明けた2015年以降は投資家の資産
を受託運用する投資顧問業者としてではなく，自らの個人資産を投資・運用す
る一般法人として活動を再開している。

④　現在の村上系ファンド

　2015年に活動を再開した村上系ファンドは，シティインデックスイレブンス
（CII），レノ，オフィスサポート，南青山不動産といったさまざまな関連会社
を通じて，多くの企業への投資やアクティビスト活動を行っている。図表2－
9は，直近で大量保有報告書の共同保有者として登場する，村上系ファンドの

図表2−9　村上系ファンドの関係者

- 複数の名義を使用している
- 自己資金を運用しているため，機関投資家としてではなく，法人株主，あるいは個人株主として登場

【法人名義】	シティインデックスイレブンス		【個人名義】	村上世彰
レノ	南青山不動産		野村（村上）絢（長女）	村上貴輝（長男）
オフィスサポート	エスグラントコーポレーション		村上玲（次女）	野村幸弘（長女の夫）
C&Iホールディングス	リビルド		福島啓修	中島章智
ATRA	MI 2			

（出所）　各社大量保有報告書をもとに，弊社調べ

関係者を一覧にしたものである。

　現在は，投資家の資産を受託運用する投資顧問業者としてではなく，村上家の個人資産を自ら投資・運用する一般法人であるため，村上系ファンドが上場企業の株主となった際は，以前のように海外の証券保管機関（カストディアン）や証券会社の名義ではなく，国内の一般法人や海外あるいは国内の個人株主として株主名簿に登場する点に留意したい。

(2)　本件の経緯

　村上系ファンドの1社であるオフィスサポートが村上氏の一族である野村絢氏と連名で，東芝機械に対する大量保有報告書を最初に提出したのは2018年12月のことだった。当時の保有比率は5.32％であったが，2020年1月14日までの約2年間で，オフィスサポートは系列のエスグランドコーポレーションとともに最大10.13％まで一気に買い上げている。その間，東芝機械では2007年に導入した事前警告型買収防衛策を2019年6月の定時総会において廃止しており，

村上側から相当のプレッシャーがあったことがうかがえる。

　また，2019年11月には，不正会計により業績が低迷していた東芝が子会社再編に乗り出し，上場子会社へのTOBを実施した。そのうちの1社であり東芝が52.4％を保有するニューフレアテクノロジー（以下「ニューフレア」という）のTOBにおいては，東芝がニューフレアを完全子会社化する方針で，1株当たり1万1,900円でTOBを開始したが，その後，HOYAが1万2,900円でのTOBの実施を公表した。ニューフレア株式の15.8％を保有していた東芝機械の対応が注目されたが，東芝側がHOYAのTOBに応じない意向を表明したため，最終的にHOYAによるTOB成立の可能性が低くなったこと，および東芝とニューフレアの事業上のシナジーが高いと判断したことを理由に，東芝機械はニューフレア株式を東芝に売却する方針を示した。この対応方針が村上側の意見と対立したことが，その後の村上系ファンドによるアクションの直接の引き金となったように見受けられる。

図表2-10　東芝機械の業績推移

	2018年度	2019年度	2020年度	2021年度	2022年度
売上高	117,405	116,761	92,635	107,777	123,197
売上総利益	32,912	33,459	24,904	32,515	38,809
売上総利益率（％）	28	28.7	26.9	30.2	31.5
営業利益	3,834	3,529	381	4,236	5,765
営業利益率（％）	3.3	3	0.4	3.9	4.7
経常利益	5,573	3,825	872	4,544	5,279
経常利益率（％）	4.7	3.3	0.9	4.2	4.3
親会社株主に帰属する当期純利益	4,079	7,338	−2,898	3,725	6,441
親会社株主に帰属する当期純利益比率（％）	3.5	6.3	−3.1	3.5	5.2
自己資本当期純利益率　ROE（％）	5	8.6	−3.4	4.6	7.5

（出所）　同社HPより

　工作機械や成形機を製造している東芝機械は，受注産業であるため業績の変

動が激しい。2018年度からの業績推移を見ると，当期純利益およびROEの増減が激しく，2020年３月期は最終赤字であった。このような状況下であったことも，アクティビストが経営陣を追い詰めるには追い風となったに違いない。

⑶　村上系ファンドからの要求

　2020年１月10日，オフィスサポートから東芝機械に宛ててTOB実施の最後通牒ともいえる書簡を送付している。

　書簡によると，村上側は，東芝機械が保有するニューフレア株式について，ニューフレアによる自己株式取得のTOBおよび東芝によるニューフレアに対するTOBを組み合わせたスキームにより，東芝機械の利益が最大限となるよう，ニューフレアおよび東芝にスキーム変更の交渉をするよう要求してきたとのことである。

　そのうえで，改めての伝達事項として，以下を記している。

---

①　2020年３月期第２四半期決算説明会においてニューフレアのTOBについて対応を検討すると説明していたが，その後，当該対応に関して開示がない。東芝機械の対応方針を速やかに開示すべきである。

②　東芝機械が保有するニューフレア株式を最も財務メリットのある形で売却すべきである。

③　これまで蓄積した不必要な内部留保に加え今回のニューフレア株式の売却資金を用いて株主価値向上およびROE向上を実現すべきである。東芝機械は株主価値向上の実現に真摯に取り組んできたとはいえず，このように株主価値向上を軽んじる対応を改めない場合は，公開買付けを含め株主としての諸対応を検討する。ついては１月17日までに株主価値向上を実現する施策の公表をお願いする。インサイダー情報を含む企業価値向上策について議論をする用意があるならば，事前に秘密保持契約を結んだうえで応じる。

　最終的にオフィスサポートの子会社であるシティインデックスイレブンス（CII）が，1株3,456円で東芝機械株式を買い付けるとの公告が2020年1月21日になされ，3月4日までの30営業日の間に下限27.25％，上限43.82％の取得を目指すとした。部分的TOBであるとはいえ，村上系ファンドが設定した上限は実質的に東芝機械の経営権を取得する結果になってしまう点が，資本市場の判断を大きく左右する焦点となった。追って詳しく見ていきたい。

⑷　会社側の対応

　村上系ファンドによるTOBの予告を受けた東芝機械は，TOBについては事前に打診はなく，過去の村上系ファンドの投資行動から鑑みて今回のTOBは当社の企業価値向上に資するものではないとして，翌週1月17日のリリースにて村上系ファンドを対象とした期間限定の買収防衛策の導入と，そのための臨時株主総会の招集を発表した。

　村上系ファンドは，大量保有報告書を提出する以前から東芝機械の株式を相当数保有しており，その間，両者の間では水面下でかなりの応酬が繰り返されたと思われる。同社ホームページの投資家情報サイトを見ると，2020年1月17日から4月7日までの短期間に本件に関連する40件以上のリリースが出ており，買収防衛策を導入するための独立委員会の設置，新中期経営計画の公表，社長交代，特別増配の実施，長期経営ビジョンの明示，独立社外取締役による電話会議や機関投資家の個別訪問などといった施策を矢継ぎ早に実施している。また，村上側から送付された書簡とそれに対する会社側の回答もすべて開示しており，すべての株主に対して公平な情報提供を続けたことへのアピールにもつながっている。東芝機械が早期から村上対策を講じ，周到に準備をしていたことがわかる。

図表2－11　東芝機械が2020年1月からの半年間に公表したリリース一覧

No	開示日	件　名
1	2020年1月17日	投資家情報に株式会社オフィスサポートからの当社株式を対象とする公開買付けの予告を受けた当社の対応方針に関するお知らせ　を掲載

2	2020年1月17日	投資家情報に独立委員会の設置及び独立委員会委員の選任について　を掲載
3	2020年1月20日	2020年1月20日付株式会社オフィスサポートからの面談要望について（東芝機械回答）　を掲載
4	2020年1月20日	2020年1月18日付株式会社オフィスサポートからの面談要望について　を掲載
5	2020年1月20日	2020年1月10日付株式会社オフィスサポートからの書簡を掲載
6	2020年1月21日	投資家情報に株式会社シティインデックスイレブンスによる当社株式に対する公開買付けに関するお知らせ　を掲載
7	2020年1月21日	投資家情報に株式会社シティインデックスイレブンスによる東芝機械株式会社株券（コード番号6104）に対する公開買付けの開始に関するお知らせ　を掲載
8	2020年1月22日	投資家情報に「株式会社オフィスサポートからの当社株式を対象とする公開買付の予告を受けた当社の対応方針」に基づく当社独立委員会への諮問について　を掲載
9	2020年1月23日	投資家情報に株式会社オフィスサポートから1月22日付で送付された書面に対する当社対応に関するお知らせ　を掲載
10	2020年1月24日	投資家情報に株主意思確認総会に関する当社における対応について　を掲載
11	2020年1月24日	投資家情報に（訂正）「株式会社オフィスサポートから1月22日付で送付された書面に対する当社対応に関するお知らせ」の一部訂正について　を掲載
12	2020年1月28日	投資家情報に株主意思確認総会に関する当社における対応について（続報）　を掲載
13	2020年1月28日	投資家情報に株式会社シティインデックスイレブンスによる当社株式に対する公開買付けに関する意見表明（留保）のお知らせ　を掲載
14	2020年1月28日	投資家情報に臨時株主総会招集のための基準日設定に関するお知らせ　を掲載
15	2020年2月3日	投資家情報に株主意思確認総会に関する当社における対応について（続報2）　を掲載
16	2020年2月4日	お客様とお取引先の皆様へのメッセージ（2月4日発表の経営改革プランについて）　を掲載
17	2020年2月4日	投資家情報に中期経営計画の見直しと経営改革プランの策定に関するお知らせ　を掲載

18	2020年2月4日	投資家情報に希望退職者の募集に関するお知らせ　を掲載
19	2020年2月5日	投資家情報に株式会社シティインデックスイレブンスによる当社株式に対する公開買付けに係る対質問回答報告書提出のお知らせ　を掲載
20	2020年2月6日	投資家情報に中期経営計画説明会 Q&A 要旨　を掲載
21	2020年2月7日	投資家情報に経営改革プラン補足資料　を掲載
22	2020年2月7日	投資家情報に経営改革プラン　を掲載
23	2020年2月12日	投資家情報に株式会社シティインデックスイレブンスによる当社株式に対する公開買付けに関する意見表明（反対）及び株主意思確認総会の開催のお知らせ　を掲載
24	2020年2月12日	投資家情報に公開買付期間延長の要請について　を掲載
25	2020年2月14日	投資家情報に株式会社オフィスサポートから2月10日付けで送付された当社独立委員会に対する質問への回答に関するお知らせ　を掲載
26	2020年2月18日	投資家情報に株式会社シティインデックスイレブンスによる当社株式に対する公開買付けの買付条件等の変更に関するお知らせ　を掲載
27	2020年2月18日	投資家情報に株式会社オフィスサポートから2月16日付けで送付された当社独立委員会に対する質問への回答に関するお知らせ　を掲載
28	2020年2月21日	投資家情報に代表取締役の異動および社長人事に関するお知らせ　を掲載
29	2020年2月21日	投資家情報に臨時株主総会の開催及び付議議案の決定に関するお知らせ　を掲載
30	2020年2月21日	投資家情報に剰余金の配当（特別配当）に関するお知らせ　を掲載
31	2020年2月26日	株主総会を更新（臨時株主総会資料を掲載）
32	2020年3月5日	投資家情報に「新生『芝浦機械』長期ビジョン2030」策定に関するお知らせ　を掲載
33	2020年3月5日	投資家情報に当社『指名諮問委員会・報酬諮問委員会』に対する諮問実施のお知らせ　を掲載
34	2020年3月6日	投資家情報に当社独立社外取締役による機関投資家との対話結果（エンゲージメントコール要旨）のお知らせを掲載
35	2020年3月12日	投資家情報に株式会社オフィスサポートから3月11日付けで送付された当社取締役会に対する書簡への回答に関するお知らせ　を掲載

36	2020年3月13日	投資家情報に3月13日付けで当社より株式会社オフィスサポート及び株式会社シティインデックスイレブンスへ送付した質問状について　を掲載
37	2020年3月13日	投資家情報に当社臨時株主総会の上程議案に関する議決権行使助言会社ISS社の賛成推奨について　を掲載
38	2020年3月18日	投資家情報に3月18日付けで当社より株式会社オフィスサポートに送付した書簡に関するお知らせ　を掲載
39	2020年3月19日	投資家情報に3月19日付けの株式会社シティインデックスイレブンスによる当社株式に対する公開買付けに係る訂正公開買付届出書の提出および独立委員会からの勧告に関するお知らせ　を掲載
40	2020年3月23日	投資家情報に株式会社シティインデックスイレブンスによる訂正公開買付届出書の提出と当社独立委員会による3月19日付け勧告を受けた当社の対応について　を掲載
41	2020年3月27日	投資家情報に臨時株主総会の決議に関するお知らせ　を掲載
42	2020年3月30日	投資家情報に（変更）「株式会社シティインデックスイレブンスによる当社株式に対する公開買付けに関する意見表明（反対）及び株主意思確認総会の開催のお知らせ」の一部変更　を掲載
43	2020年4月2日	投資家情報に株式会社シティインデックスイレブンスによる当社株式に対する公開買付けの撤回に関するお知らせ　を掲載
44	2020年4月7日	株式会社オフィスサポートとの対応ページ　を更新
45	2020年6月29日	投資家情報に株式会社オフィスサポートないしその子会社からの当社株式を対象とする公開買付け等への対応方針の有効期間満了による終了に関するお知らせ　を掲載

　東芝機械から発せられたリリースでは、「株主に誠意をもって対応したものの、村上側が当社の中長期的な企業価値向上に関心を示さなかった」という主張が繰り返しなされている。前述の2020年1月10日付のオフィスサポートの書簡では、東芝機械がこれまで村上側の面談要請を拒否するなど、対応が不誠実であったと主張しているが、対する東芝機械は株主に対してはフェアな対応を貫いてきたと以下のように回答している。

> 「他の機関投資家や株主様に開示していない機密情報を貴社のみに開示することは株主平等原則に違反するおそれもあるとの考慮の下，そのような要求（筆者注：機密情報の開示も含めて中期経営計画の見直しに村上系ファンドを関与させるとの要求）には応じられない旨，また，他の機関投資家を始めとする株主様との対話と同様に，当社の中長期的な企業価値の向上を目的とする建設的なものであれば，貴社のご意見も誠実に承って参りたく，当社の中期経営計画については，2020年2月に公表予定の当社による見直し内容をご覧いただいた上で，その後に，必要に応じて協議を実施させていただきたい旨をご回答申し上げていたところです」

（出所）2020年1月20日同社リリース「ご面談のご要望について」より

　3月には独立社外取締役が機関投資家向けコンファレンスコース（電話による説明会）を実施し，独立社外取締役の立場から「①経営改革プランに対する評価」および「②公開買付けに対する反対意見表明の背景に関する説明」を行っている（出所：2020年3月5日同社リリース「当社独立社外取締役による機関投資家との対話結果（エンゲージメントコール要旨）のお知らせ」より）。

　このように，村上系ファンドの短期志向を強調する一方，熱心なIR活動を継続し，資本市場の声に真摯に耳を傾けてきた自社の姿勢を強くアピールし続けたことが，その後の有事導入型買収防衛策の導入の成功要因の1つにつながったものと考える。

(5)　投資家の反応・考え方

　一般的に，どのような状況下であっても機関投資家は買収防衛策そのものに否定的であることから，当初は東芝機械のスキームは否定的に見られていた。しかし，今回の買収防衛策は，村上系ファンドのみを対象とし，また6月の定時株主総会後に開かれる最初の取締役会までと期間を限定し，なおかつ臨時株主総会を招集して株主の賛否を問うということを条件にしているなど，例外的で一時的な対抗策であるということから，議決権行使助言会社のISSが防衛策

導入に「賛成」推奨した。

　経営権の争いがある場合（プロクシーファイトなど）の買収防衛策導入について，ISSは以下の点を考慮のうえで個別判断する。

- 同業種他社と比較した，長期で見た会社の経営成績
- 現経営陣の実績
- 経営権に争いが生じた背景
- 取締役候補者の経歴・資格・資質
- 株主が提案する経営戦略および現経営陣に対する批判の妥当性
- 両サイド（現経営陣および提案株主）の提案の実現可能性
- 株主構成（現経営陣および提案株主の株式保有状況）

　しかし，東芝機械の買収防衛策が可決された特殊な背景は，これだけではない。

　最も重要な争点となったのは，村上系ファンドによるTOBが全株取得を目指すものではなく，上限を43.82％とする株式保有のみで実質的な経営権取得を目指すものであるとして，海外投資家を中心に批判が集まっていた点と，村上氏側が「経営権を取るつもりはない」として今後の詳細な経営プランを打ち出さなかったことにある。

　当時，筆者が複数の機関投資家と会話をした中でも，以下のようなコメントが寄せられていた。

　「今回の件は防衛策を導入することの是非を問うレベルと，有事においてどうジャッジすべきなのかというレベルの2段階の話がある。防衛策の導入に対して否定的な見方をする機関投資家が多いため，世の中の論調はそこにフォーカスされているが，今回の話は東芝機械の現経営陣と村上氏のどちらに経営を任せることが，この会社の中長期的な企業価値向上に資することができるのかがポイントだと思っている。（日系機関投資家）」

　「非常に特殊な案件であり，今後，東芝機械のビジネスモデルがどうなるのかという問題が大きい。一概に買収防衛策＝悪というガバナンスの観

点から議論できるものではないと思っている。(外資系機関投資家)」

　また，東芝機械の坂元繁友社長は3月24日付の東洋経済オンラインのインタビューにて以下のように語っている。

> 「だが，TOBが成功すれば村上グループが実質50％の議決権を持ち，実質的なオーナーということになる。その彼らが，経営方針を示さず，経営に興味もないというのはつじつまが合わない。説明責任が十分果たされていない。」
>
> 「事業を運営することよりも自社株買いをやり，株価が上がった時点でさっと売り抜くというのが彼らの手法だと思っている。」
>
> 「もっと怖いのは商売ができなくなることだ。われわれは設備産業をやっており，大手自動車メーカーや大手航空機メーカーが顧客になっている。そういう方々はわれわれの設備を導入してから5～10年間，その機械で生産する。村上氏がオーナーになれば，会社の信用力は圧倒的に落ちる。村上氏の経営努力の問題ではなく，村上氏が入ってきた時点で確実に企業価値は下がる。」

(出所)『東芝機械 vs 村上ファンド，大詰め攻防のゆくえ　坂元社長「総会で3分の2以上をとり圧勝する」』東洋経済オンライン　2020/03/24掲載より

(6)　結果：賛否の状況

　TOBの判明後，東芝機械の株価は非常に低水準で推移し，株式市場はもとから村上系ファンドによるTOBが成立する見込みが低いと見ていたが，ISSの賛成推奨を受け，情勢は一気に東芝機械側に有利に傾いた。3月27日に開催された同社の臨時株主総会では，第1号議案として買収防衛策の導入，第2号議案として買収防衛策の発動を付議したが，いずれも約62％の賛成を得て可決された。

　なお，図表2-12は，2020年3月末時点の株主構成である。上記の臨時株主総会の基準日から日数を経ているため，株主構成が若干変化している可能性はあるものの，個人株主の比率が高めであることも買収防衛策の導入，発動を可

決できた要因であったかもしれない。

図表2−12 東芝機械 2020年3月末時点の株主構成（有価証券報告書ベース）

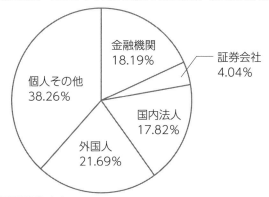

金融機関
18.19%

証券会社
4.04%

個人その他
38.26%

国内法人
17.82%

外国人
21.69%

（出所） 同社有価証券報告書より

　その後，4月2日にはCIIから公開買付撤回届出書が提出され，その5日後には東芝機械による新株予約権の無償割当ての中止に関するお知らせが掲載されている。

(7) 本件からの示唆

　本件以降，企業の株主総会担当者から「東芝機械の前例があるのだし，何か事が起きた場合，有事型の買収防衛策を入れればよいので安心だ」といった声が聞かれることがある。しかし，ここで見てきたように，東芝機械は村上系ファンド「以外」の株主の賛同をいかに得るかをよく研究し，短期間の間に打てる手をすべて打つことを想定し，事前に相当な備えをしていたことがわかる。また，過剰なほどに自社が「中長期視点を持った経営を続けている」ことや「資本市場の声に耳を傾け真摯な対応を続けてきた」ことをアピールしたことも有効であったと思われる。

　今や，企業の買収防衛策に対してポジティブな反応を示す機関投資家は皆無であり，買収防衛策を可決させるにはスキームの内容の良し悪しが問題ではなく，機関投資家株主がすべて反対票を投じたとしても議案が可決できる株主構成か否かが鍵となっている。そのような状況下，有事型の買収防衛策を導入す

ることは非常に難易度が高いことをご理解いただけるだろう。

⑤　企業価値向上策の優劣を争ったセブン＆アイ・ホールディングスの事例

　続いて，現在も進行中の案件ではあるが，セブン＆アイ・ホールディングス（以下「セブン＆アイ」という）の経営改革をめぐるアクティビストとの戦いについて見てみよう。本件は足元でも継続中であり，セブン＆アイに株主提案をしたバリューアクトについては，報道でも目にする機会が多い。まずはバリューアクトの概要について触れる。

(1)　バリューアクトの概要

　2000年に，ジェフリー・アッベン氏，ジョージ・ハメルJr.氏，ピーター・ケイミン氏の創業者3名と近親者の資産運用を目的に設立されたアクティビスト・ヘッジファンドである。サンフランシスコに拠点を置き，一部の機関投資家および限られた個人富裕層の資産運用を手掛け，運用総額は2021年時点で150億ドルといわれる。CEOおよびCIOを務めるアッベン氏は，米国最大の投信運用会社でありアクティブ運用の雄ともいわれるフィデリティにて，バリューファンドの運用を担当していた経歴を持つ。

　バリューアクトの運用哲学として，ITやライフサイエンスの分野で，知的財産が必要とされるサービス業を展開している企業のうち，本来は高い評価を受けるべきビジネスを保有しているにもかかわらず，マクロ経済の影響など，何らかの理由により一時的に株価が正しく評価されていないと判断した銘柄のみを厳選する。

　敵対的な経営関与は必ず失敗を招くとして，当初は少量の株式を保有し，3～6か月をかけて企業のビジネスを知り，経営陣との友好関係を築く。その過程で，バリューアクトが10％程度を保有する大株主として，経営陣とともに企業価値向上を目指すことができるかどうかを判断する。そのような企業においては，経営陣の刷新と強いリーダーシップが最も効果的である場合が多いとして，投資先企業のボードの一員として，インベストメント・パートナーと呼ばれるファンドマネージャー自らが内部から財務体質の改善や事業の立て直しを

行うなどして，株主価値向上のかじ取りを担うケースもある。

①　マイクロソフトへの取締役派遣（2013年）

　主要投資先であるマイクロソフトが「ソフトウェアの会社からデバイスと
サービスの会社へ移行する」という新たなビジョンを打ち出し，バルマー
CEOの退任を発表した。表面的には出てこないが，この退任劇にはバリュー
アクトの存在が影響を与えたといわれており，バリューアクトの現CEO兼CIO
であるモーフィット氏は，2014年３月にマイクロソフトのボードメンバーに加
わった。一説には，モーフィット氏を経営陣の一員として送り込む代わりに，
バリューアクトは委任状争奪戦といった行動を起こさず，マイクロソフトの経
営陣に対して表立った批判をしない，といった取引を交わしたともいわれてい
る。その後のマイクロソフトは，クラウド対応などの施策が功を奏し，約10年
間で時価総額が７倍に増加している。

②　オリンパスへの取締役派遣（2019年）

　日本において初の投資先となったオリンパスは，1949年創業の工学・電子機
器メーカーである。2011年，過去のM&Aにおいて不透明な取引と会計処理を
行っていたことが雑誌に報じられたことで，上場廃止寸前にまで追い込まれる
不祥事として世界中で報道されることになった。「オリンパス事件」と呼ばれ
るこの粉飾決算の影響で，その後，しばらくは経営難に苦しむことになる。こ
のような状況下にあったオリンパスに，2018年，バリューアクトが初めて株主
として登場する。両者の間でさまざまな対話がなされた模様で，2019年６月，
オリンパスの定時株主総会において，バリューアクトのパートナーであるロ
バート・ヘイル氏が社外取締役として選任される結果となった。

　当初，バリューアクトからの株主提案に対して，オリンパス社内では否定的
な声も上がっていたとのことだが，当時の経営陣が米国やカナダでバリューア
クトの投資先企業に対して直接ヒアリングをするなどの調査を行った結果，バ
リューアクトに対して好意的な意見が多かったこともあり，最終的に受け入れ
る決断を下したとのことである。オリンパスはその後，希望退職の募集や，赤
字部門であるカメラ事業の売却，祖業である科学事業の分社化といった改革を

矢継ぎ早に推進し，2023年3月期には売上利益ともに過去最高を記録している。アクティビストによる外圧を社内変革にうまく取り込んだ好事例として評価するアナリストの声も聞かれる。

　上述のヘイル氏は日経ビジネスのインタビュー[7]で以下のように述べている。

　「オリンパスは取締役会とリーダーシップチームが変革への熱意を示した非常にいい例であったし，すべては彼らの努力の功績だと思っている。バリューアクトは，グローバルチャンピオンのメドテック（医療技術）カンパニーになるという同社の目標を達成するために，いくつかのサポートを提供することができた。」

(2)　本件の経緯

　国内最大の小売企業であるセブン＆アイの事業セグメントは，大きく以下に分けられる。コンビニエンスストア事業（国内コンビニ事業），米海外コンビニエンスストア事業（海外コンビニ事業），スーパーストア事業（スーパー事業），金融事業の4つの柱である。

　直近の状況を見ると，2023年2月期の連結営業利益は5,065億円だが，国内・海外のコンビニ事業の営業利益の単純合計は5,217億円となり，同社の利益のほとんどをコンビニ事業が稼いでいることが明白である。そのため，アクティビストからは，コンビニ事業に集中するべき，スーパー事業を切り離すべき，といった経営改革の要求が繰り返されている。

7　『バリューアクト責任者が激白　セブン＆アイ株は「目標達成まで保有」』日経ビジネスオンライン　2023.5.17より

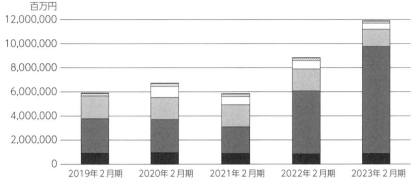

図表 2 - 13　セブン&アイの売上高の推移

（単位：百万円）

	2019年 2月期	2020年 2月期	2021年 2月期	2022年 2月期	2023年 2月期
国内コンビニエンス ストア事業	955,443	971,236	920,832	873,239	890,293
海外コンビニエンス ストア事業	2,821,053	2,739,833	2,191,383	5,194,327	8,846,163
スーパーストア事業	1,902,507	1,849,121	1,810,884	1,810,728	1,449,165
百貨店・専門店事業	－	912,060	684,660	712,282	463,739
金融関連事業	215,007	217,367	198,927	194,399	194,295
その他の事業	23,720	25,202	22,011	20,340	26,044
消去および全社	△74,093	△75,695	△66,277	△55,567	△58,398
合計	6,791,215	6,644,359	5,766,718	8,749,752	11,811,303

（出所）　同社HPより

図表２−14　セブン＆アイの営業利益の推移

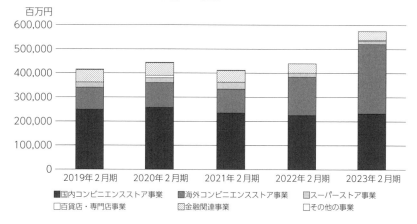

（単位：百万円）

	2019年 2月期	2020年 2月期	2021年 2月期	2022年 2月期	2023年 2月期
国内コンビニエンスストア事業	246,721	256,601	234,258	223,396	232,033
海外コンビニエンスストア事業	92,266	102,001	98,097	159,866	289,703
スーパーストア事業	21,173	21,307	29,683	18,791	12,107
百貨店・専門店事業	−	8,279	△17,444	△8,153	3,434
金融関連事業	52,874	53,610	48,077	37,549	37,140
その他の事業	2,659	1,554	1,944	△115	△466
消去および全社	△14,515	△16,296	△25,911	△43,681	△67,432
合計	411,596	424,266	366,329	387,653	506,521

（出所）　同社HPより

図表2−15　セブン＆アイ，イオン，ローソン，およびTOPIXの株価騰落率の推移，2015年〜2023年

（出所）　Bloombergのデータをもとに弊社作成

　セブン＆アイとアクティビストとの攻防は，実はバリューアクトの件が初めてではない。2015年に米国を代表するアクティビスト，サード・ポイントがセブン＆アイの株式を取得したことを記憶している方も多いと思う。セブン＆アイの祖業であるスーパー事業の業績が悪化していることから，「スーパーを分離させ高い利益を上げているコンビニ専業の会社になるべき」との要求を突き付けたのである。

　同時に，当時の鈴木敏文会長兼CEOが自身の次男を後継者にしようとの目論見に対しても批判をしており，セブン–イレブンの井阪隆一社長こそが後継のリーダーとなるべきであり，世襲は避けるべきだと主張していた。

　約1年にわたる水面下での攻防の結果，セブン＆アイでは2016年に鈴木会長の意向を受ける形で，セブン–イレブンの井阪社長を交代させるトップ人事案が示された。グループの稼ぎ頭であるセブン–イレブンのトップ交代に対して，同社の指名・報酬委員会では社外取締役などが難色を示した。それにもかかわらず，会社側は鈴木会長による主導のもと，井阪社長の交代を含む新たな経営体制案を取締役会に提出し，強行突破を試みた。しかし，社外取締役の知見を生かし，トップ人事における意思決定の客観性や透明性を確保する狙いのもと設置した指名・報酬委員会が支持しなかった人事案を取締役会が支持するはずはなく，結果は社外取締役などの反対多数で否決されることとなった。セブン

＆アイの「中興の祖」といわれ，長年にわたりグループを率いてきた鈴木会長は，これを受けて引責辞任に追い込まれた。

　サード・ポイントはその後，エグジットした模様だが，2021年，今度はバリューアクト・キャピタル（バリューアクト）が株式を4％超取得したことを明らかにした。同社の資料によると，水面下では2020年からセブン＆アイの株主となっていたとのことである。米国の有力アクティビストの中でも穏健派といわれ，国内でもオリンパスやJSRに取締役を送り込んだことで知られるバリューアクトだが，投資家向けレターの中でも低収益事業リストラを進めコンビニ事業に経営資源を集中するか，同事業を分離すれば，時価総額は足元の2倍以上になると主張したという。

　実はその間の2019年にも，香港のアクティビスト，オアシス・マネジメントが経済誌のインタビューにてセブン＆アイの経営改革について言及したことから，株式を取得しガバナンス体制と株主還元の強化を要求した，との報道がある。

⑶　会社側の対応

　セブン＆アイでは2021年7月に井阪隆一社長のもと，「中期経営計画2021-2025」を発表している。2030年にグループが目指す姿を，「セブン-イレブン事業を核としたグローバル成長戦略と，テクノロジーの積極活用を通じて流通革新を主導する世界トップクラスのグローバル流通グループ」と定め，まず，2023年度までに事業構造改革の完遂を目指し，コンビニ事業のさらなる成長と，食品事業の強化，不採算店舗の整理と人員の適正化などを掲げた。

　セブン＆アイのリリースによると，バリューアクトが最初に当社にアプローチしてきたのは2020年11月のことで，その後2年にわたり，社外取締役も含め30回以上の対話を繰り返し，2021年12月には取締役会にてバリューアクトが意見表明する場も設けたとのことである。上場企業が一株主である機関投資家を取締役会に招へいし直接話を聞く時間を設けるということは，日本においては相当稀な事例であると思われ，セブン＆アイとしては最大限，株主の意見に耳を傾ける姿勢を示したといえよう。

　2022年2月にはバリューアクトがガバナンスの改革や戦略的選択肢の検討の

必要性をホワイトペーパーとして公表したことを受け，セブン＆アイは，その年の株主総会において独立社外取締役が過半数を占める取締役会の体制に変革し，構造改革方針に基づく事業売却の推進を決定するなど，バリューアクトの意見も取り入れたうえで改革を遂行してきたと述べている。

図表2－16　2023年3月から5月までのセブン＆アイのIRリリース一覧

No	開示日	件　　名
1	2023年3月9日	中期経営計画のアップデートならびにグループ戦略再評価の結果に関するお知らせ
2	2023年3月9日	中期経営計画のアップデートならびにグループ戦略再評価の結果について
3	2023年3月9日	代表取締役の異動（追加選任）及びマネジメント体制の変更に関するお知らせ
4	2023年3月13日	中期経営計画のアップデートならびにグループ戦略再評価の結果に関する説明動画を掲載いたしました
5	2023年3月27日	株主提案に関する書面受領のお知らせ
6	2023年3月30日	当社子会社の株式譲渡及びそれに伴う子会社異動の実行時期に関するお知らせ
7	2023年4月6日	2023年2月期　決算発表
8	2023年4月6日	2023年2月期　決算補足資料
9	2023年4月6日	2023年2月期　決算説明資料
10	2023年4月6日	セブン＆アイ・ホールディングスの8名の独立社外取締役からのお知らせ
11	2023年4月6日	当社グループにおける金融事業再編に関するお知らせ
12	2023年4月6日	剰余金の配当（増配）に関するお知らせ
13	2023年4月7日	決算説明動画を掲載いたしました
14	2023年4月18日	取締役候補者及び株主提案に対する当社取締役会意見に関するお知らせ
15	2023年4月18日	株主提案に対する当社取締役会意見に関するプレゼンテーション資料の公表について
16	2023年4月18日	役員の異動及び再任に関するお知らせ
17	2023年4月25日	バリューアクトによる4月20日レターに対する当社取締役会の見解
18	2023年5月2日	「食」の競争優位性に立脚したCVS事業戦略に関する当社取締役会の見解

| 19 | 2023年5月12日 | 当社取締役会の見解：最適なガバナンス体制，取締役選任プロセス，及び長期的な価値創造について |
| 20 | 2023年5月25日 | 第18回定時株主総会決議結果及び当社取締役会の声明について |

　確かに2020年以降，雑貨・インテリアのFrancfrancの株式を一部売却，スポーツアパレルのオッシュマンズの全株式をABCマートに全売却，そごう・西武の売却を公表，イトーヨーカ堂の店舗縮小や衣料事業からの撤退を発表する一方，米ガソリンスタンド併設型コンビニSpeedwayの買収や，7-Eleven Internationalの本格始動など，セブン&アイにおいては着実な構造改革を実施してきたかに見える。

　2023年3月には，中期経営計画のアップデートとグループ戦略の再評価が開示され，2030年に目指す姿を当初の「セブン-イレブン事業を核としたグローバル成長戦略と，テクノロジーの積極活用を通じて流通革新を主導する世界トップクラスのグローバル流通グループ」から，「セブン-イレブン事業を核としたグローバル成長戦略と，テクノロジーの積極活用を通じて 新 流通革新を主導する，「食」を中心とした世界トップクラスのリテールグループ」として，方針の微調整を行った。

　具体的な施策としては，コンビニ事業への集中投資の実施，総還元性向50％以上，独立社外取締役のみで構成される戦略委員会の設置など，「既に実施している過去の総合小売業を目指す方針からの転換を更に加速」することを掲げた。しかし，資本市場からは現経営陣の動きの鈍さを指摘する声や「際立って新しい施策が示された印象はない」といった意見も出ていた。

⑷　バリューアクトの主張

　現状維持の延長線上にあるセブン&アイの改革案は，コンビニ事業に経営資源を集中させるべきと主張してきたバリューアクトにとっては不十分，かつスピード感のない内容であったと思われる。バリューアクトからは同年4月に「取締役会への株主からの質問」と題したホワイトペーパーにおいて，グループ戦略の再評価の内容とその後の経営陣からの説明に失望し，株主提案を提出した事実が公表された。このホワイトペーパーは全39ページあるのだが，「コ

ングロマリット構造」,「コングロマリットディスカウント」というように「コングロマリット」という単語が61回も登場している。

図表 2 − 17　バリューアクト「セブン＆アイホールディングス　取締役会への株主からの質問」（2023年 4 月 2 日）

株主は,「グループ戦略再評価」が客観的であり重要
懸念事項を解決するものであることを期待していまし
たが, 結果は失望させられるものでした

株主が依頼していたこと
- あらゆる選択肢を考慮に入れる客観的なレビュー
- 社外取締役からなる委員会に主導されるレビュー
- 今後の戦略についての論理的根拠の明快な提示

セブン&アイが3月9日に発表したこと
- 現状維持の戦略を全く変更しない, 判で押したようなレビュー
- 経営陣を含む取締役会全体に主導されたレビュー
- 矛盾したメッセージと, レビュープロセスや論理的根拠についての透明性の欠如

2022年9月に始まった「グループ戦略再評価」は, ガバナンスのベストプラクティスに従うものでなく, 株主の期待に応えるものでもありませんでした

（出所）　ValueAct ウェブサイトにおける開示
https://valueact.com/wp-content/uploads/2023/04/Shareholder-Questions-for-Seven-i-Board-vF-Japanese.pdf

　既出の2023年 5 月17日付の日経ビジネスによるインタビューでは, バリューアクトのパートナーであるロバート・ヘイル氏が以下のように語っている。

　「セブン＆アイの井阪社長は, その地位に就いて 7 年となる。そろそろ実績を振り返って評価する時期に来ているが, 野心的に大きなことを達成したり, 明確なプランを推進したりしたリーダーの実績とは言えない。効果的なコーポレートガバナンス（企業統治）が存在しているということを示すような実績でもない。多くのステークホルダーは不満を抱え, 会社の将来の方向性を案じている。我々としては事実に基づいた分析によって, 会社側をサポートしようとしてきたが, すべてのステークホルダーにとってウィン・ウィンとなるような真の協力関係には至らなかった。」

（出所）（『バリューアクト責任者が激白　セブン＆アイ株は「目標達成まで保有」』
　　　　日経ビジネスオンライン　2023.5.17より

　株主提案では井阪社長と後藤克弘副社長，社外取締役の伊藤邦雄氏と米村敏
朗氏に事実上の退任を迫り，加えてオリンパスの監査委員長を務めた経験を持
つ弁護士の名取勝也氏やバリューアクトのサステナビリティ部門統括責任者で
あるブリトニー・レビンソン氏など，4 名の社外取締役の選任を求めた。

⑸　投資家の判断

　2023年 5 月総会に向けて，議決権行使アドバイザーのISSは，井阪社長，後
藤副社長らの再任に反対推奨したほか，バリューアクトが推薦する 4 名の社外
取締役候補者の選任に賛成推奨したため，株主総会の行方が注目を集めた。し
かし，井阪社長を含め会社側の候補者は60〜70％台の賛成率で選任され，株主
提案は30％台の賛成率で否決される結果となった。

　バリューアクトからセブン＆アイに対する大量保有報告書は提出されておら
ず，同社の有価証券報告書で確認できるバリューアクトの保有比率は1.89％と
極めて低いことがわかる。しかし，バリューアクトが退任を迫った現経営陣へ
の賛成率と提案株主側の社外取締役候補者への賛成率を見ると，バリューアク
トが掲げた事業ポートフォリオの再検証を早急に実現させる改革プランは，一
定の株主から支持を得ていたことがうかがえる。

　一方で，事業ポートフォリオの再検証が必要というバリューアクトの主張に
は納得感があるものの，このタイミングで経営陣を交代する必要性の説得力が
薄く，独立性の高い社外取締役による経営執行の監督強化や経営陣の適切性を
検証することのほうが重要だ，という判断を行った投資家が勝る結果となった。

　日本の取締役会が，執行を兼ねる社内取締役を中心として経営の意思決定を
重視するマネジメントボードから，社外取締役を中心として経営陣による執行
の監督を重視するモニタリングボードにシフトする中，経営陣の交代を迫るア
クティビストの主張に賛同する投資家と，経営執行の監督機能を強化すべきと
考える投資家に意見が分かれた。セブン＆アイの業績が決して悪くはなかった
ことや，足元の施策による効果がある程度出ていることなどから判断して，経
営陣の早急な交代は経営の混乱を招くことにつながると考えた投資家もあった

図表 2 −18　セブン＆アイ　2023年 2 月末時点の株主構成（有価証券報告書ベース）

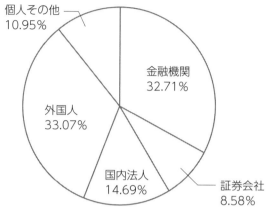

（出所）　同社有価証券報告書より

ものと思われる。

⑹　本件からの示唆

　2023年 9 月，セブン＆アイが売却を公表していたそごう・西武において，雇用維持などの不安から早期売却に反発した労働組合がストライキを決行した。大手百貨店では61年ぶりとなるストライキだったとのことである。しかし，セブン＆アイは売却を強行し，そごう・西武は米投資ファンドのフォートレス・インベストメント・グループの傘下に入った。フォートレスは従業員の雇用維持を約束したとのことだが，労働組合側は再度のストも辞さないとの姿勢である。

　百貨店事業の売却の背景にはバリューアクトからの圧力が存在することは言わずもがなだが，これを機に，スーパー事業の切り離しへの圧力をさらに強める可能性も否めず，両社の全面対決は当面続くものと思われる。上場企業である限り，資本効率を意識し企業価値向上を目指し続けることが使命ではあるが，社外からの圧力により地域の生活インフラである本業の経営が不安定となっては本末転倒である。

　昨今，企業がアクティビストから社外取締役を受け入れるなどの方法でアク

ティビストと手を組み，経営再建や事業再生を成功させる事例が出てきている。経営陣側に大胆な経営改革を成し遂げようという切実なニーズがあるからこそ，アクティビストの提案という「劇薬」を積極的に受け入れる余地が生まれ，両社が手を組むことが成功につながるのだと思われる。

しかし，すべての企業にその方法が有効かというと，本件のように企業とアクティビストがお互いに大きなストレスを抱えたまま，何年も経過してしまうケースもある。これまでさまざまな企業の経営に入り込み企業価値向上を成功させてきたアクティビストであっても，どのように付き合っていくかは企業の状況に応じて慎重な判断が求められる。

Column

あるIR担当者の本音

IR担当者は「自社の商品ではなく，自社そのものを資本市場に売り込む営業担当」にたとえられ，日々，投資家に情報発信をしている。一方的に発信するのみではなく，資本市場で自社がどう見られているかを把握し，その声を経営陣に届ける重要な役割も担っている。

この双方向のサイクルがうまく回っている企業は，経営陣が資本市場の声によく耳を傾け，投資家との意思疎通がしっかり図れているため，IRや開示の優良企業として表彰されたり，アクティブ投資家の比率が高く株価水準が高く維持されるなど，上場企業としてのメリットを享受できていると思われる。

業績や資本効率に課題を抱える企業においては，IRの面談において，投資家から厳しい声が寄せられることが多い。それらは正論ではあるものの経営の課題であり，IR担当者がどうにかできる問題ではないのだが，矢面に立たされるのはIR担当者であり，会議室で投資家と向き合う数十分間を耐えるしかない。IR担当者としても「投資家が言うことはわかるけど，一方的に勝手なことばかり言わないでほしい。当社には当社の事情があるんだ」と思う局面もあるだろう。

そして，その厳しい声を経営陣に届けようにも，社内では耳を貸してもらえない。経営陣が投資家との直接対話を避けてきた企業，つまり資本市場の声に耳を傾けようとしない企業ほど，そのような傾向にあるように見受けられる。極め付きは経営陣から「株価が上がらないのはIRの責任だ」とか「投資家が見

てくれないのはIRがもっと頑張らないからだ」などと理不尽なことを言われてしまう。株価が上がらないのも，投資家が見てくれないのも，すべては経営の責任である。IR担当者が社長に直接「株価を上げたいなら社長が頑張ってよ」とでも言えればよいのだが…。

　IR担当者は，経営と資本市場をつなぐ役割であるとともに，それぞれの事情をよく理解しているあまり，板挟みになってしまうシチュエーションも多い。

6 長期的利益と短期的利益のバランスを求められた海外の事例（ダノン）

　ここからは海外企業におけるアクティビスト対応の事例をいくつか見ていく。

(1) 本件の経緯

　2021年3月，ヨーグルトや「エビアン」で知られるフランスの食品大手ダノンは，エマニュエル・ファベール会長兼CEOを解任したと発表した。ファベール氏は2014年のCEO就任以来，ESG経営を推進し，環境や社会に配慮した公益性の高い企業に与えられる「B corp認証」取得を各拠点で目指すなどの取り組みは世界的に注目されていた。

　ダノンは1972年に社会と共存しながら経済的成長を追求する理念を掲げ，2005年に「より多くの人々に食を通じて健康をお届けする」というパーパスを，2017年には「One Planet. One Health」という行動指針を発表した。また，2019年にフランスで新たに「Entreprise à Mission（使命を果たす会社)」という形態が誕生したのを受け，2020年6月の株主総会では定款変更をして「使命を果たす会社」となった。

　「使命を果たす会社」とは，会社のミッションとそれに沿った，社会的，環境的な分野での目標が定款に記載され，その目標の達成については，専任のミッション委員会と独立した第三者が監督するというモデルである。ダノンでは，取り組むべき新たな4つの目標として，製品を介した健康の改善，地球資源の保護，将来を社員と形成すること，包摂的な成長，を盛り込み，社会的使命を果たすパーパスの実践と収益性の向上の両立を目指した。

　しかし，翌2021年3月，英国で誕生したばかりの新興アクティビスト，ブルーベル・キャピタル・パートナーズ[8]（以下「ブルーベル」という）および米国のアーチザン・パートナーズ[8]（以下「アーチザン」という）からの要請を受けた取締役会は，ファベール氏の退任という決断に踏み切った。両社はダノンにレターを送付しており，CEOと議長の分離を求めると同時に，ダノンの株価パフォーマンスが芳しくないことから，ファベール氏のCEOと議長からの退任を求めたという。

　当時のブルーベルおよびアーチザンによるダノン株式の保有比率は開示されていないが，両社の運用規模から見て，それほど大きな比率ではなかったことが推測され，両社の圧力だけでダノンの取締役会を動かしたとは考えにくい。新型コロナの影響があったとはいえ，同業他社に比べ業績や株価が振るわなかったダノンに対し不満を持つ株主が多かったため，両社の主張に賛同する投資家の声が資本市場からの巨大なプレッシャーとして働き，取締役会がCEO兼議長を解任する大きな動機になったことは間違いないだろう。

8　ブルーベルは，欧州のラージキャップ銘柄へのアクティビスト活動に特化した投資家として，2019年に誕生した。共同設立者の1人，ジュゼッペ・ビボーナ氏は，それまでロンドンの米系投資銀行で活躍してきた経歴を持つ。もう1人の共同設立者であるマルコ・タリッコ氏も，同様に米系投資銀行において豊富な経歴を持つ。両氏は，これまで北米が主な対象となっていたアクティビスト活動は，今後，欧州でも大きな成長機会があるとして意気投合し，当社を設立したという。
　一方のアーチザンは，1994年に米国にて創業しグローバルな株式投資を得意とする中長期運用の投資家である。日本企業に対しても積極的な投資を行うほか，2021年の東芝の株主総会では，エフィッシモによる株主提案に積極的な支持を表明したことで知られる。また，2022年のセブン＆アイHDの株主総会においてはバリューアクトと共同で株主提案を行ったことで知られる。

図表2-19　ダノン，ネスレ，ユニリーバの株価騰落率の推移　2018年〜2020年

(出所)　Bloombergのデータをもとに弊社作成

　図表2-20はダノンのホームページに掲載された2021年12月末時点の同社の株主構成である。ファベール氏の解任が公表された後のデータではあるが，全体の80％近くを機関投資家が占めている。

　このニュースが話題になっていた当時，欧州のある中長期投資家から以下のようなコメントが寄せられた。

　　「サステナビリティは従来型の企業価値の上乗せであり，サステナビリティそのものが企業価値に取って代わることはない。サステナビリティは企業が対応すべき大きなトレンドであるが，業績の悪さの言い訳にはならない。」

　また，国内の中長期投資家からも以下のような意見が聞かれた。

　「なぜサステナビリティ経営が必要なのか，という開示をしている企業の事例は多くはない。さまざまなサステナビリティの取り組みが目に見える企業価

図表 2 - 20　2021年12月末時点のダノンの株主構成

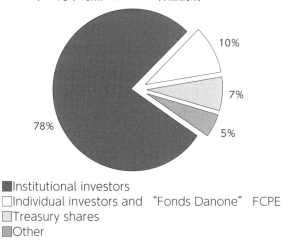

- Institutional investors
- Individual investors and "Fonds Danone" FCPE
- Treasury shares
- Other

（出所）　ダノンHP

値に結び付いていることが重要であり，実践して成果を出していかねばならない。」

(2)　本件からの示唆

　企業が長期ビジョンだけを重視して，足元の業績改善が一向に見込まれないようであれば，たとえ中長期志向の投資家であっても，株主の利益につながらないと考える。上場企業においては，サステナビリティの取り組みを通じた長期的な企業価値の向上とともに，足元の利益の確保も同時に要求され，長期と短期の利益を満たすバランスのよい経営が求められる。ダノンの一件は，アクティビストの急進的な要求が引き金とはなったものの，ESG経営を重視する一方で業績と株価の低迷が続いた結果，経営者にノーが突き付けられた事例といえよう。

⑦ スキルマトリクスが争点となった海外の事例（エクソン・モービル）

　続いて「取締役のスキルが企業の戦略と一致していない」ことがアクティビ

ストの攻撃材料となった，2021年の米国のエクソン・モービル（以下「エクソ
ン」という）の事例を取り上げる。エクソン株式を0.02％保有するのみであっ
た新興アクティビストが，多くの株主から賛成を取り付け，株主提案を可決さ
せた背景について詳しく見ていきたい。

(1)　本件の経緯

　エンジン・ナンバーワン（以下「エンジン」という）は，創業者でCIOを務
めるクリス・ジェームズ氏が2020年に設立したESG特化型のアクティビストで
ある。複数のヘッジファンドにてハイテク銘柄を担当するファンドマネー
ジャーを務めたジェームズ氏がエンジンを創業した当時，運用資産は300億円
弱と規模は小さかった。エクソンへの投資額も発行済株式数の0.02％であり，
日本円にして50億円程度に過ぎなかったという。

　エンジンは創業後まもなく，エクソンに対して書簡を送付している。その主
な内容は以下の４点であった。

---

① エネルギー事業の知見を持つ独立取締役を選任すること
② より中長期の視点で事業投資を行うこと
③ クリーンエネルギーへの投資を増加させ，より持続可能な事業戦略を
　推進すること
④ より株主価値に資する報酬制度に改善すること

　翌2021年５月のエクソンの株主総会では，「環境に配慮した持続可能な成長
戦略の策定が必要とされているにもかかわらず，現在の取締役会にはエネル
ギー産業の経験者がいない」として，エネルギー産業経験者４名の取締役選任
を提案し，そのうち３名を取締役会に送り込むことに成功した。

図表2−21　エンジンによる株主提案の投資家向け説明資料

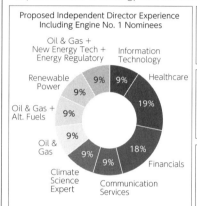

"取締役会に欠けているエネルギー産業における成功と変革の経験を我々の候補者はもたらすことができる"
"（取締役会は）何年にもわたりパフォーマンスや戦略に変化がなく，エネルギー産業での成功経験の追加を避けてきた"

Our nominees bring the successful and transformative energy experience that the Board is missing

- Election of all 4 critical to help Board address array of industry challenges, and to bring real change to a Board that has refreshed itself for years without a change in performance or strategy and has avoided adding successful energy expertise

Proposed Independent Director Experience Including Engine No. 1 Nominees

Oil & Gas + New Energy Tech + Energy Regulatory — Information Technology 9% — Healthcare 9% — 19% — Renewable Power 9% — Oil & Gas + Alt. Fuels 9% — Oil & Gas 9% — 18% Financials — Climate Science Expert 9% — 9% Communication Services

'"Engine No.1's board nominees... all have very strong repute, they have track records in the industry, and some cross over into low-carbon fields."'
Sam Margolin, managing director of Wolfe Research, quoted in the Financial Times, March 3, 2021

"[ExxonMobil's] board should have been a better overseer of management, capital allocation and strategy. Yet even with new appointments, it has limited experience in energy. That needs to change... **The slate of four put up by activist Engine No. 1 could help.**"
Reuters Breakingviews, March 22, 2021

"[T]he driving aim of [Engine No. 1] is four high quality board candidates including Greg Goff...
The other Engine #1 candidates ... are **very impressive.**"
Paul Sankey, Sankey Research, April 1, 2021

Quote Sources: Derek Brower (Mar. 3, 2021). Exxon v. Activist. Financial Times. Robert Cyran (Mar. 22, 2021). More Than This. Reuters Breakingviews.
Paul Sankey (Apr. 1, 2021). Morning Sankey 4/1/2021. Sankey Research.

（出所）　"Reenergize ExxonMobil Investor Presentation, May 2021"より。Engine No1によるExxonMobilキャンペーンサイト"Reenergize ExxonMobile" https://reenergizexom.com/（検索日2023年10月23日）

　エンジンから株主提案が出されると，いちはやくCalSTRS（カルスターズ，カリフォルニア州教職員退職年金基金），CalPERS（カルパース，カリフォルニア州退職年金基金），ニューヨーク州退職年金基金が支持を表明したほか，議決権行使アドバイザー大手のISSおよび Glass & Lewisが株主提案に一部賛成したことがメディアで大々的に取り上げられた。ブラックロック，ステートストリート，バンガード等も，それぞれプレスリリース等を通じて株主提案に一部賛成したことを表明している。

図表2−22　エンジンによる株主提案の投資家向け説明資料

> "エクソン・モービルは何年もの間，エネルギー産業の経験がない元CEOで取締役会を埋めてきた"
> "大企業でのCEO経験は取締役会全体の構成の一部として役立つが，「トランスファラブルスキル」と業績のトラックレコードも重要である"
>
> ## ExxonMobil has for years filled its Board with former CEOs without any energy experience
>
> • While large cap CEO experience is helpful as part of the overall board mix, transferable skills and track records of performance should matter as well

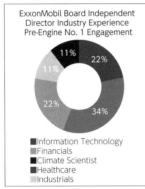

ExxonMobil Board Independent Director Industry Experience Pre-Engine No. 1 Engagement

- Information Technology
- Financials
- Climate Scientist
- Healthcare
- Industrials

Current Independent Director Nominee Track Record as CEOs						
Director	Company	CEO Tenure		Stock Total Return	Sector Return*	Market Return*
Frazier	Merck	12/2011	Present	192%	316%	301%
Burns	Xerox Holdings	7/2009	12/2016	55%	190%	181%
Palmisano	IBM	3/2002	12/2011	103%	36%	35%
Oberhelman	Caterpillar	7/2010	12/2016	85%	163%	150%
Braly	Anthem	6/2007	8/2012	-28%	18%	3%
Hooley	State Street	3/2010	12/2018	63%	134%	170%
Kandarian	MetLife	5/2011	4/2019	40%	146%	155%

Source: Bloomberg and ExxonMobil proxy statements. *Sector Return is S&P's GICS Level 1 Sector return for the respective company; Market Return is the S&P 500 return for the same tenure. Performance of Ken Frazier (currently CEO at Merck) is measured through 4/9/2021.

（出所）　"Reenergize ExxonMobil Investor Presentation, May 2021"より

　ESGアクティビストが初めてのキャンペーンを大成功させた事例として世界を驚かせた本件であるが，実はその背景にはさまざまな要因があった。

　エクソンは，2016年にも気候変動リスクに関する情報開示を求める株主提案を受けている。当時の提案は38％の賛成票を集めたのみで否決されたが，翌2017年には同様の提案をニューヨーク州退職年金基金と英国国教会基金が主導し，62％もの賛成票を集めて採択され，大々的にニュースに取り上げられた。

　しかし，米国においては多くの株主提案が勧告的決議（advisory voting），あるいは non-bindingと呼ばれる法的拘束力のない決議であるため，たとえ過半数の賛成票を得たとしても経営陣はその決議内容を実行する義務はない。日

本の株主提案のように，いったん可決されてしまったら会社側が必ず従わなければならない法制度とは異なる。

　実際のところ，米国最大のエネルギー会社であるエクソンは，このように複数回にわたって気候変動にかかる株主提案を受け，3分の2近い株主からの賛同を得ていたにもかかわらず，経営方針に大きな変化がなく，対応が不十分であるとみなされていた。また，経営陣は株主との対話に後ろ向きであると評され，投資家の間では不満が募っていたといわれる。

　そこに登場したのが新興アクティビストのエンジンであるが，本件の黒子として注目されたのが前述のCalSTRSである。CalSTRSは運用資産規模が44.9兆円（2023年9月末時点）[9]を超え，CalPERS同様，米国最大の年金基金であると同時に，エンゲージメント投資家としても知られている。

　CalSTRSは，2017年の株主提案が可決されたのち，さまざまな手段を通じてエクソンとの対話を試みたというが，成果が見られなかったため，2020年の総会では取締役全員の選任に反対票を投じたとのことである。そのような折，エンジンから「エクソンに取締役を送り込みたい」という相談を受けたCalSTRSのスチュワードシップ担当者は，さまざまな投資家をエンジンに紹介したほか，エクソンの取締役会に必要なスキルセットについてエンジンとの間で何度も議論を行い，エンジンがより洗練された株主提案を行うための協力を惜しまなかったという。

(2)　本件からの示唆

　取締役会が機能しているか否かは，社外取締役が機能しているか否かにかかっているが，それを外部から知るファクターの1つが，社外取締役のスキルである。社外取締役が企業の長期的な経営ビジョンや中期的な経営計画の達成を可能とするようなスキルを持っているかどうかについては，正解があるものではない。しかし，脱炭素をはじめとする困難な経営課題を抱え大きな転換期を乗り切るためにエクソンに必要だと資本市場が考えたのは，伝統的な大企業

9　CalSTRSのサイトより　https://www.calstrs.com/investments（検索日2023年10月23日）

のCEOではなく，エンジンなどが提案した代替エネルギー分野での経験を持つ候補者であったということである。

　取締役選任の株主提案が出た際，投資家はもはや現任の取締役ありきで考えてはいないことは，この数年で資本市場の常識となっている。その判断においては，対象会社の企業価値の最大化を実現するにあたり，事業の方向性と照らしてどのようなスキルを持った取締役が必要であるか，スキルマトリクスの観点から検討するのだということが，改めて認識された事例であった。

8 日本における環境関連の株主提案（東洋製罐の事例，環境NGOの事例）

　日本において，気候変動に関する株主提案が初めてなされたのは，2020年6月の株主総会においてである。「市民の立場から地球温暖化防止に取り組むNGO/NPO」として活動する気候ネットワークが，みずほフィナンシャルグループに対して，TCFD（気候関連財務情報開示タスクフォース，以下「TCFD」という）の提言に従って，パリ協定の気候目標に整合した投資を行うための経営戦略の計画を開示するよう求めたものであった。この提案は否決されたものの，34.5％という高い賛成率を獲得した。

　本件を皮切りに，気候変動に関する株主提案は，2021年に3件，2022年に7件，2023年に11件[10]と，増加してきており，資本市場においてもメディアにおいても注目度の高い事項となっている。

　2021年には，アクティビストであるオアシスが，東洋製罐ホールディングスに対して「サステイナビリティに関する一層の透明化のための，TCFDを踏まえた経営戦略を記載した計画の開示」を求める株主提案を行った。オアシスはこのほかに業績連動株式報酬の導入，会社の組織形態の変更，顧問・相談役システムの廃止，自社株買いの4つの議案も提案している。同社の本質的な狙いは資本政策の変更にあると推察されるが，当時のメディアにおける見出しは例えば「オアシス，東洋製缶に株主提案 脱炭素計画開示など要求」（日本経済新聞，2021年5月28日）といったように，気候変動問題に絡んだ株主提案である

10　2023年6月総会まで，三井住友信託銀行調べ

ことが大きく取り上げられている。オアシスのメディア戦略として，こうした提案を盛り込んだことは成功だったといえるだろう。

　翌2022年には，アムンディを含む英・仏・豪の投資家グループが，J-POWER（電源開発株式会社）に対して「温暖化ガス排出量削減にかかる科学的根拠に基づく短期的および中期的目標を明記した事業計画を策定し公表する，進捗状況につき年次報告書において報告する」ことを求める株主提案を行った。メインストリーム投資家による日本企業に対する初の気候変動関連の株主提案として注目を集めた。これらの投資家は，いずれも中長期的な視点で企業のファンダメンタルズ分析に基づき銘柄選択をするアクティブ運用投資家として，グローバルな資本市場で一定の信頼感・尊敬を持たれている機関投資家である。環境問題の解決に重点を置くNGOでも，短期的利益に重点を置くアクティビストでもなく，中長期的な株主の利益に重点を置く投資家からも気候変動問題が重要な論点として提示された象徴的な事例である。

⑴　気候変動関連の株主提案に対する機関投資家の反応

　議決権行使アドバイザーであるISSは，これらの株主提案の大部分に賛成推奨のレポートを発行しているとみられ，いずれの議案も否決はされているものの，比較的高い賛成率を獲得している。こうした背景には，TCFDに基づくなど気候変動に関連したガバナンス，戦略，リスクマネジメント，指標と目標の開示は当然なされるべきだというコンセンサスが形成され，多くの機関投資家がこうした株主提案に対して「反対する理由がない」と考えるようになっていることがある。

　東京証券取引所は2022年4月よりプライム上場企業にTCFDに基づく情報開示を義務付けており，ジェイ・ユーラスが2021年度に実施した主要な機関投資家へのヒアリングにおいても，すでにTCFDはスタンダードと考えられていた。ただし，機関投資家の中には，必ずしもすべての会社が均一にTCFDなど気候変動に関連する開示を充実させなければならないわけではない，との考え方もある。

機関投資家のTCFD開示に対する見方

　ジェイ・ユーラス・アイアールは，毎年12月〜2月にかけて，国内に拠点を置く主要な投資家・機関とのディスカッションを実施している。以下はその中で，気候変動やTCFDに関連して述べられたコメントをまとめたものである。

2021年度調査における機関投資家のコメント

- 開示においてはTCFDがスタンダードになっており，同じ土俵で開示していただけると評価がしやすい。
- TCFDはスタンダードになってきた。ある企業にとって，TCFDよりもふさわしい基準があるというのなら，それに基づくのもよいだろう。しかし，逆にそこまでの意識がないのならばTCFDに合わせてほしい。
- 将来の基準がどうなるかわからないから何もしなくてよいということではない。脱炭素に関しては，2050年カーボンニュートラルを政府が掲げているので，製造業の会社には自社のロードマップを示してほしいとお伝えしている。
- TCFDが必須とは思っておらず，ファイナンスマテリアリティが高い企業が対応すればよいという見方だ。自社のマテリアリティレベル，企業価値への影響度を鑑みて，精緻な対応にするか否か，どの程度深掘するかなどを考慮すればよいと思う。
- 気候変動のリスクが本業にそれほど大きな影響を与えないのであれば，こういう理由で財務へのインパクトが大きくはなく，リスクは限定的との説明を尽くしてほしい。
- TCFDの問題は，気候変動への影響度が低い業種の企業において，これにこだわると論点がずれる可能性がある点である。TCFD単一の情報だけで企業を評価することには戸惑いがある。

2022年度調査における機関投資家のコメント

- 気候変動は大事な課題であり，しっかり対応できているか否かが企業の持続性にかかわる。投資家がリスクと機会を評価するのは，開示がなされていることが前提となる。

- ポジティブもネガティブも含め，気候変動が企業に与える財務インパクトを知りたい。他方，一足飛びに定量的なインパクト開示は難しいことはわかっている。まずは，インパクトの大きさごとに，どの事業のどのパートにインパクトがあるのか，ということを開示してほしい。
- アクティブ運用は，非財務情報を「未来の財務情報」として見ている。例えば炭素税導入が実現すれば，CO_2排出が多い企業はそれだけ利益が下がる可能性があるため，カーボンニュートラルの取り組みが業績にどれだけ影響するかを見ている。鉄鋼業などは脱炭素投資に何兆円もの支出があるので，会社の業績を圧迫するようなリスクがないかを見る。
- CO_2排出が多い企業と少ない企業のどちらを選ぶか。これからは間違いなく後者をサプライヤーは選ぶようになる。例えば，自動車メーカーが完成車を船で運ぶとき，CO_2排出が少ないことを明示している海運会社が選ばれる。きちんと取り組みをしたうえで開示していないと，サプライチェーンからいずれ外される可能性がある。投資家が非財務情報を活用しているというより，対応しないとサプライチェーンから外される，という話である。
- 気候変動についてはTCFDの4つの柱に沿って開示してもらえればよい。気候変動が重要な企業は特に重点的に開示すればよいし，あまり関係がない企業はやらなくてもよい。

図表2－23　気候変動関連の株主提案一覧

企業名	提案株主	提案内容	結果	賛成率
2020年				
みずほフィナンシャルグループ	気候ネットワーク	パリ協定の目標に沿った投資のための経営戦略を記載した計画の開示	否決	34.5%
2021年				
三菱UFJフィナンシャルグループ	気候ネットワーク他	パリ協定の目標に沿った投融資を行うための経営戦略を記載した計画の策定・開示	否決	22.7%
住友商事	マーケット・フォース他	パリ協定の目標に沿った事業活動のための事業戦略を記載した計画の策定および開示	否決	20.0%

東洋製缶グループホールディングス	Oasis Management	気候関連財務情報開示タスクフォース（TCFD）を踏まえた経営戦略を記載した計画の開示	否決	14.3%
2022年				
電源開発	アムンディ（仏），マングループ（英），HSBCアセットマネジメント（英），ACCR（豪）	温暖化ガス排出量削減にかかる科学的根拠に基づく短期的および中期的目標を明記した事業計画を策定し公表する，進捗状況につき年次報告書において報告する	否決	25.8%
		年次報告書において，設備投資と温暖化ガス排出量削減目標との整合性についての評価を開示する	否決	18.1%
		年次報告書において，報酬方針が温暖化ガス排出量削減目標の達成をどのように促進するものであるかの詳細を開示する	否決	18.9%
東京電力ホールディングス	マーケット・フォース，気候ネットワークほか	2050年炭素排出量実質ゼロへの移行における資産の耐性の評価報告の開示	否決	9.6%
中部電力	マーケット・フォース，気候ネットワークほか	（同上）	否決	19.9%
三菱商事	マーケット・フォース，気候ネットワークほか	パリ協定目標と整合する中期および短期の温室効果ガス削減目標を含む事業計画の策定開示	否決	20.2%
		新規の重要な資本的支出と2050年温暖化ガス排出実質ゼロ達成目標との整合性評価の開示	否決	16.2%
三井住友フィナンシャルグループ	マーケット・フォース，気候ネットワークほか	パリ協定目標と整合する中期および短期の温室効果ガス削減目標を含む事業計画の策定開示	否決	27.5%
エスケー化研	AVI	温室効果ガス排出量の開示	否決	16.4%
電源開発	アムンディ（仏），マングループ（英），HSBCアセットマネジメント（英），ACCR（豪）	温暖化ガス排出量削減にかかる科学的根拠に基づく短期的および中期的目標を明記した事業計画を策定し公表する，進捗状況につき年次報告書において報告する	否決	25.8%

2023年				
トヨタ自動車	Kapitalforeningen MPInvest, StorebrandAsset Management AS, APG Asset Management N.V.	定款一部変更（気候変動関連の渉外活動が及ぼす当社への影響とパリ協定の目標との整合性に関する評価および年次報告書の作成）	否決	15.06%
三菱商事	FoE Japan, マーケット・フォース	定款一部変更（パリ協定目標と整合する中期および短期の温室効果ガス削減目標を含む事業計画の策定および開示）	否決	19.84%
		定款一部変更（新規の重要な資本的支出と2050年温室効果ガス排出ネットゼロシナリオとの整合性評価の開示）	否決	12.42%
みずほフィナンシャルグループ	RAN，マーケット・フォース，気候ネットワーク	定款一部変更（投融資ポートフォリオを2050年炭素排出実質ゼロを求めるパリ協定1.5度目標に整合させるための移行計画の策定および開示）	否決	19%
焼津水産化学工業	株式会社ナナホシマネジメント	気候変動リスク対応に関する定款一部変更	否決	21.60%
東京電力ホールディングス	マーケット・フォース，気候ネットワーク	定款一部変更（2050年炭素排出実質ゼロシナリオと資本配分との整合）	－	－
中部電力	マーケット・フォース，気候ネットワーク	定款一部変更（2050年炭素排出実質ゼロシナリオと資本配分との整合）	否決	19.60%
電源開発	アムンディ(仏)，HSBCアセットマネジメント(英)，ACCR(豪)	定款一部変更（パリ協定の目標に沿った温暖化ガス排出量削減にかかる科学的根拠に基づく短期的および中期的目標を達成するための事業計画の策定および公表）	否決	21.20%
		定款一部変更（報酬方針が本会社の科学的根拠に基づく短期的および中期的な温暖化ガス排出量削減目標の達成をどのように促進するものであるかにつき合理的な費用にて詳細を開示）	否決	15.00%

関西電力	京都市	定款一部変更（気候関連のリスクと機会の開示）	否決	4.5-36.4%
三菱UFJフィナンシャル・グループ	RAN，マーケット・フォース，気候ネットワーク	定款一部変更（投融資ポートフォリオを2050年炭素排出実質ゼロを求めるパリ協定1.5度目標に整合させるための移行計画の策定および開示）	否決	17.32%
三井住友フィナンシャルグループ	RAN，マーケット・フォース，気候ネットワーク	定款一部変更（投融資ポートフォリオを2050年炭素排出実質ゼロを求めるパリ協定1.5度目標に整合させるための移行計画の策定および開示）	－	－
三井金属鉱業	株式会社ヒデショウ	定款一部変更（気候変動に伴うリスクと事業機会に鑑み，当社が気候変動におけるパリ協定に沿った取り組みの表明および実行）	否決	8.72%

⑵　海外における気候変動関連の株主提案の動向

　ところで，米国においては環境関連の株主提案が減っている，投資家の関心が低下し始めている，といった主張がなされることがある。

　実際に，Bloombergの記事において引用されたthe Sustainable Investments Instituteのデータによれば，2022〜2023年の総会シーズンで投票にかけられたESG関連の株主提案の数は，ピークだった前年の283件から240件に減少しているという。また，同記事においてInsightiaのデータによれば，ブラックロックが賛成票を投じた環境関連の株主提案は，2020〜2021年シーズンの約26％から，2021〜2022年の約21％に低下しており，バンガード・グループにおいても社会関連の株主提案への支持率は，同時期で22％から約10％に低下しているという。その背景にあるものとして米国共和党によるアンチESGの動きが挙げられ，責任投資，インパクト投資が今後大きな打撃を受ける，との観測も聞かれる。

　ただし，こうした状況には異なる見方もある。筆者が参加した2023年6月に開催されたICGN（International Corporate Governance Network，1995年に機関投資家が主導して設立，世界中で最高水準のコーポレートガバナンスと投資家のスチュワードシップを推進することを目指している。参加投資家の運用資産額は約77兆米ドル）の年次大会においては，こうしたアンチESGの動きは

極めて政治的なパフォーマンスであり，機関投資家における責任投資の推進とは次元が異なること，企業側もそれを踏まえてアンチESGの株主提案に対しては毅然とした対応が求められることなどが議論されていた。

また，ESG関連の議案への賛成率が低下している背景としては，従来は単純な「開示の充実」を求める株主提案が中心であったものが，具体的な対応を求める内容が増加してきており，そこまでの具体的な対応を性急に求めることが真に企業価値・株主価値につながるかという観点で機関投資家が慎重な議決権行使姿勢を示していることが背景にあるとの見方もできる。

前述のICGN年次大会においても，気候変動に関するエンゲージメントの在り方の課題として，機関投資家である多くの登壇者・パネリストから，「情報開示を求める，中長期的な目標を掲げることを求めるフェーズは終わった。今後は，具体的なアクションプランとそれに対する進捗を確認していくことが，責任投資の課題である」との主張が聞かれた。

Column

Say-onと定款変更

　米国の株主総会においては，会社法や定款の定める決議事項以外の事項についての決議は勧告的決議（Advisory Vote）であり，法的拘束力を有しない（non-binding）。日本の株主提案のように，いったん可決されてしまったら会社側が必ず従わなければならない法制度とは異なり，米国では株主提案が過半数の賛成票を得たとしても経営陣はその決議内容を実行する義務はない。

　米国ではこの制度を活用して，経営陣の役員報酬方針や支給額に関して，少なくとも3年に1回，株主意思の確認を行う"Say on Pay"という制度が2011年より義務化された。報酬（Pay）に対して株主が意見を言う（Say）という，法的拘束力のないアンケートのようなものである。しかし，株主からの賛成率が高ければ，その内容は「妥当」だという株主からの勧告として取締役会に圧力がかかる。

　この"Say on"の気候変動バージョンとして，英国のアクティビストTCIが2020年にスペイン企業に提案したのが"Say on Climate"である。以後，欧米各国では企業自らが，脱炭素の取り組みや気候変動レポートを総会議案として上程し，株主の賛否を問う動きが徐々に広まりつつある。

　しかし，前述のように日本には勧告的決議の制度がない。そのため，アクティビストが日本企業に環境関連の株主提案をする際には，「パリ協定に沿った事業戦略を定款に記すべき」といった定款変更議案の形で出されている。

　日本での環境関連の初の株主提案は2021年であったが，当初は法的拘束力を持つ日本の株主提案の仕組みが海外の投資コミュニティに正しく理解されておらず，「気候変動関連の開示を促す提案ならば即賛成」という判断がなされる傾向が強かった。しかし，総会シーズンを3周経た現在，海外の投資家コミュニティにおいても日本の法制度の違いが認識され始めている。

　同時に，環境アクティビストの間では，日本にも勧告的決議の制度が導入されるべきだという議論が始まっている。

第3章

アクティビストに対する論点の変遷と資本市場の動向

　ここまで，実際のアクティビストによる提案の事例と，それに対し企業がどのような対応をしたか，および機関投資家がどのような判断をしたかを見てきた。機関投資家は，議決権行使の賛否判断において，受託者責任を果たす観点でより中長期的な株主価値を最大化するための選択を行っていることがわかる。そうした賛否判断の根拠は，普遍的なものではなく，コーポレートガバナンスの考え方，求められる一般的な水準，現実的な日本企業の状況など，その時々の動向を踏まえ，変化し続けてきたし，今後も変化していくものであろう。そこで本章では，アクティビストに対する論点の変遷と資本市場の動向を過去から振り返ることで，今後への留意点を探っていきたい。

1 日本におけるアクティビスト活動の変遷

　まず，日本におけるアクティビスト活動がどのように始まり活発化してきたのか，機関投資家はその動きをどのように受け止めてきたのかを概観する。

(1) 2000年代：アクティビストの活動開始と機関投資家の議決権行使部門の体制整備

　日本においては，長く金融機関，事業法人による株式保有割合が高く，株主総会で反対票が投じられる，まして議案が否決されることは，特殊な場合を除いて見られなかった。

　そのような状況が変わってきたのは，2000年代に入ってからである。図表3

図表３－１　日本におけるアクティビストの歴史

	国内機関投資家の動き
2000年代 • 村上ファンド，スティールパートナーズ等による株主提案 • 外国人株主比率が20%，30%と高まっていく中，株主の権利がクローズアップされる	■株主提案に対する拒否反応 ■議決権行使部門が設立され始める
2008〜 • リーマンショック，東日本大震災などによる株式市場混乱でアクティビスト活動は下火に	■議決権行使基準が徐々に明確化され始める ■企業年金連合会「ROE８%」，「独立社外取締役を求める」行使基準策定 ■各機関投資家において議決権行使基準が徐々に厳格化
2012〜 • アベノミクスやコーポレート・ガバナンス改革による日本株市場の活発化とともに，アクティビスト活動が再始動	■2015年のSSコード・CGコード以降，議決権行使結果の個別開示開始
現在 • 2020-2022にかけてCOVID-19による混乱下においても，アクティビストによる株付け，エンゲージメント活動は依然活発 • 2023年，東証によるPBR１倍割れ改善の要請も追い風に，アクティビストによる株主提案は過去最多を更新 • 「ESG」，「サステナビリティ」も論点に	■議決権行使基準を詳細に開示する投資家が増加 ■株主提案に対する判断基準は「誰が」提案しているか，から「何が」提案されているか，へ ■株主提案への賛成事例が増加

－１のように，元通産相官僚の村上世彰氏が代表を務めた株式会社M&Aコンサルティングや株式会社MACアセットマネジメントなどを中核とする通称「村上ファンド」や，ウォーレン・リヒテンシュタイン氏が1993年に設立した米国のスティールパートナーズといったアクティビスト・ファンドによる敵対的TOBや株主提案が，2000年以降相次ぐようになった。

しかしながら，当時のアクティビスト・ファンドの活動は，この数社程度しかない。なお，2008年に米国の機関投資家であるブランデス・インベストメント・パートナーズも小野薬品工業や日比谷総合設備に対して増配や自己株式取得の株主提案を行っているが，同社は米国においてもアクティビスト・ファンドではなく，中長期視点のバリュー投資家として認識されている。株主提案をする中長期視点の投資家とアクティビストの違いは第１章において述べたとおり，主に株式の中長期保有を目的とするか，投資先企業の経営に積極的に介入することを目的とするか，である。

したがって，アクティビスト・ファンドによる敵対的TOBや株主提案は，当時としては大きなニュースではあったものの，稀なケースであり，大半の日本企業においては対岸の火事であったといえる。

図表3-2　2000年代の主なアクティビストファンドによる活動

ファンド名	対象企業	活動内容
村上ファンド（通称）	昭栄	2000年，日本で初の敵対的TOBを実施。大株主（キヤノン，芙蓉グループなど）はTOBに応じず，応募は少数にとどまり失敗。
	東京スタイル	2002年，ファッションビル建設中止と自己株式取得の株主提案を実施。会社側は増配，自己株式取得を提示して対抗。株主提案は否決された。
	阪神電気鉄道	2005年，3分の1を超える株式を取得し，子会社である「阪神タイガース」の上場などを提案。阪急HDがホワイトナイトとなり，TOBを実施。村上ファンド側は株主提案の提出などで対抗するも，ファンド代表である村上世彰氏が証券取引法違反の疑いにより逮捕，辞任する中で，TOBに全株を応募。阪急阪神HDとなった。
スティールパートナーズ	ソトー，ユシロ化学工業	2003年，敵対的TOBを実施。
	サッポロホールディングス	2007年，敵対的TOBを実施。
	ブルドックソース	2007年，敵対的TOBを実施。会社側は，新株予約権割り当てなどの対抗策を株主総会で上程し承認され，日本で初の買収防衛策発動事例として知られる。スティールパートナーズ側は新株予約権の差止めを求める訴訟を提起し，最高裁まで争ったものの却下，棄却され，TOBは失敗に終わった。東京高裁は，スティールパートナーズを転売による利益確保を目的として株式を購入する「濫用的買収者」であると認定した。
	明星食品	2007年，敵対的TOBを実施。日清食品がホワイトナイトとなり対抗TOBを実施し，スティールパートナーズによるTOBは不成立となった。その後，日清食品によるTOBが成立し，経営統合が実現した。
TCI (The Children's Investment Fund)	電源開発	2008年，増配，社外取締役選任，株式持ち合いの制限など5議案を株主提案。否決された。
	JT	2012年，増配，自己株式取得など4議案を株主提案。否決された。

　この時期になぜアクティビストが活動し始めたかについては，株主構成の変化によるところが大きい。図表3-2のとおり，2000年以降，日本企業の株式の35-40%を保有していた金融機関の保有比率は，財務の健全性に対する規制強化でリスク資産を持ちにくくなっていることなどを背景に低下し始め，2011

年には30％を切る水準となった。

　一方で，保有比率を高めたのが外国人であり，1990年代には10％台であった保有比率が，2000年頃には20％を超え，さらに2014年には30％超へと継続的に存在感が高まっていった。ここでは詳細は省くが，米国の機関投資家は，1974年に制定されたERISA法などを踏まえ，受託者責任を強く意識し，投資対象企業との対話・エンゲージメントを通して企業価値を高めようとする方針を持っている。そのため，議決権行使における賛否の表明も重要なエンゲージメントの手段と考えており，課題ある企業に対して反対票を投じることに躊躇はない。英国の機関投資家においても同様である。そのような議決権行使スタンスを持つことが多い外国人株主の比率の高まりは，アクティビストにとっては自分たちの主張が他の株主から支持されやすい環境になってきたということだった。

図表3－3　日本企業の株主構成の推移，1997年～2022年

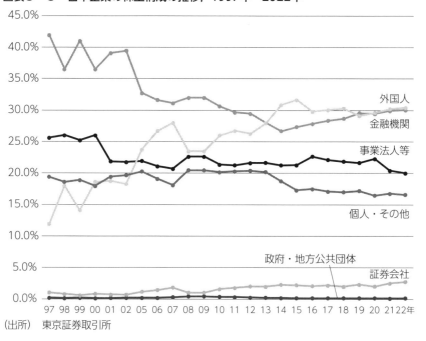

（出所）　東京証券取引所

それまで，日本企業にとって株主総会は，いわゆる総会屋の問題はあっても，何事もなく終わるのが当たり前であった。当時，株式持ち合いによる保有のほか，国内機関投資家も株式を保有していたが，議決権行使で反対行使をするという発想がそもそもほとんどなかったといえる。それが，上記のような外国人株主比率の高まりや，1998年の米国の大手年金であるCalPERS（カリフォルニア州公職員退職年金基金）による日本に対するコーポレートガバナンス原則の採択[1]と日本企業に対するエンゲージメント活動の強化，アクティビストの活動などにより，国内機関投資家においても，受託者責任がより強く意識され，適切な議決権行使の重要性が議論されていった。

(2)　2012年以降：コーポレートガバナンス改革とアクティビスト活動の再始動

こうして，各機関投資家に議決権行使部門が設立されるようになり，2000年代のアクティビスト活動の隆盛と並行して体制が強化されていった。当初，議決権行使の判断基準は中長期的な株主価値を重視するといった方針と最低限の基準を示したうえで，「ケースバイケースで判断する」という形が多かった。それが，徐々に明確化・定量化されていった。

2015年にコーポレートガバナンス・コードが制定されてからは，国内だけでなく世界の中で見ても最大の運用資産額を誇るGPIF（年金積立金管理運用独立行政法人）が非常に大きな発信力を持っているが，コーポレートガバナンス・コード以前は，GPIFは非常に静かであった。

2000年代にスチュワードシップ，受託者責任を強く訴え，運用機関に対して適切な議決権行使体制の確立を求め，促していたのは企業年金連合会である。企業年金連合会は，2002年より国内株式の自家運用を開始して，議決権も自ら行使し，2003年には「株主議決権行使基準」を策定して同連合会の資金の運用を受託している運用機関に対しても同様の行使の考え方を求めていった。ROEが8％に満たない企業に対して取締役選任議案で反対票を投じる，との行使基準は，反対行使をすること自体が稀であった当時としては非常に先進的

1　橋本基美『カルパースの求める日本企業のガバナンス』1998年

で，かつ企業にとっては厳しい行使基準であった。こうした活動を背景に，国内運用機関も徐々に議決権行使の体制，判断基準を整えていった。

　そして，2012年以降，アベノミクスやコーポレートガバナンス改革により，こうした動きが一段と加速してきた。2014年の伊藤レポート発表や，日本版スチュワードシップ・コード策定，2015年のコーポレートガバナンス・コード策定などに象徴される国策としてのコーポレートガバナンス改革を背景に，GPIFが受託者責任の旗振り役となり，運用受託機関に対してより株主価値向上の観点から議決権を行使することや，企業との対話を通じて株主価値向上に向けた企業経営がなされるよう促すことを求めた。

　機関投資家も，議決権行使基準を厳格化する方向性で動いた。例えば，企業に求める社外取締役の比率について，2000年代においては1名の選任を求める，といった基準であったのが，コーポレートガバナンス・コードにおいて複数名の選任が要請されたことを受け，ほとんどの運用機関は社外取締役が複数名いない場合には代表取締役などの選任に反対する基準を導入した。なお，この基準は，2021年のコーポレートガバナンス・コードの二度目の改訂と歩調を合わせるように，現在ではほとんどの運用機関が「3分の1以上」を求めるように変化している。

　こうした動きと並行して，リーマンショック以降下火となっていたアクティビスト活動も再度活発化してきた。「コーポレートガバナンス・コードで求められているでしょう？」と企業に対して主張しやすくなり，他の機関投資家に対しても「スチュワードシップ・コードで求められているでしょう？」と一方的に企業寄りの判断を牽制することができるようになった。また，機関投資家においては，スチュワードシップ・コードで自社が行使した議決権の内容を，企業ごと・議案ごとに詳細に開示することが求められるようになったことで，なぜそのような行使判断をしたのかといった説明責任が一層求められるようになった。従来であればほぼ100％会社側に賛成であった生損保も，議決権行使基準を策定し反対行使をする可能性がある，というスタンスを取り始めた。

　機関投資家の株主提案に対するスタンスも変化してきた。2000年代は，「誰が提案しているのか」も重要な判断要素で，短期的志向と思われるアクティビストによる株主提案に対しては反対を前提に検討される傾向があったが，次第

に「何が提案されているか」へ判断要素の比重が移っていった。アクティビストによる株主提案内容も洗練され，必ずしも短期的利益のみを追求していると退けられない内容も増えてきた中で，機関投資家による株主提案への賛成事例が増加していった。

　そうして現在，アクティビストによる株主提案は増加を続けている。COVID-19感染症による混乱により，一時停滞の側面はあったものの，エンゲージメント活動は依然活発で，株主提案も増え続けている。

⑶　2023年以降：東京証券取引所によるPBR 1 倍割れ是正の要請によるアクティビストの活性化

　2023年 3 月，東京証券取引所は，「資本コストや株価を意識した経営の実現に向けた対応」と題し，プライム市場・スタンダード市場の全上場会社を対象として，資本コストや株価を意識した経営の実現に向けて，現状分析，計画策定・開示，取り組みの実行を一連の対応として継続的に実施することを求めた。その中で，具体的に，「例えばPBRが 1 倍を割れているなど，十分な市場評価を得られていない場合には，その要因」を分析・評価し，「改善に向けた方針や，具体的な目標について，投資者にわかりやすい形で示す」ことを要請した。この東証の要請は，低PBR企業の資本効率や収益性が改善するのではないか，との期待を生み，実際に日本の株式市場の活性化に一定の効果をもたらしているようである。

　こうした動きは，アクティビストにとっては，非常に大きな追い風となっている。東証の発表以降，アクティビストは企業との対話の場において，「東証からの要請にもあるとおり」と，企業に対する姿勢を強めている。PBRの改善には，大まかにいえば①分母である 1 株当たり純資産を減らす，②分子である株価を向上させる，の 2 つの方法がある。前者の分母コントロールにはアクティビストの要求の柱の 1 つである増配・自社株買いが有効な手段であることから，アクティビストの要請と非常に相性が良いためである。

　筆者は，2023年 9 月に米国のロサンゼルスで開催されたCII（Council of Institutional Investors）の年次大会に出席した。CIIは，米国の主に機関投資家により構成される非営利団体で，多くの大手機関投資家が参画し，コーポ

レートガバナンスの諸問題に関する問題提起などを行っている。大会には数百人の機関投資家関係者が参集していたが，10の講演やパネルディスカッションのセッションのうちの1つに，「International Governance – Activism Comes of Age in Japan」というテーマがあった。大会の参加者に日本人はほとんどおらず，つまり聴衆に日本人が多いからそのニーズに対応した題材が選ばれたわけではなく，純粋に機関投資家の関心事として大きなトピックになっているということがわかる。

　セッションでは，日本企業に対し多くの株主提案を行っているアクティビストであるニッポン・アクティブ・バリュー・ファンドと，世界有数規模のアクティビスト・ファンドでありソフトバンクグループや東芝に投資をしているエリオット・インベストメント・マネジメントが登壇した。彼らの趣旨を端的にいえば「日本企業はやっと変わり始めた。機関投資家の皆さん，特にアクティビストの皆さん，一緒に日本企業に投資をしよう。今がチャンスだ。」ということであった。今後も日本市場におけるアクティビスト活動の活況は続くだろう。

　また，これまで，日系の機関投資家は，外資系機関投資家に比べると増配や自社株買いの株主提案に賛成するケースがあまり多くはなかった。しかし，こうした東証による動きを背景に，今後日系機関投資家のスタンスが変わっていくことも十分に想定される。

2 機関投資家の議決権行使行動の流れを変えた歴史的イベント

　さて，ここまで2000年代以降のアクティビストと機関投資家の議決権行使について，株主構成や国策としてのコーポレートガバナンス改革などマクロ的な側面からの影響を概観したが，よりミクロな観点での変化も追ってみたい。

　コーポレートガバナンス・コードの策定前後，日本の機関投資家の議決権行使における考え方が年々大きく変わってきた中で，1年前であれば総会の賛否結果は違ったかもしれない，と思われる事例がいくつかあった。それらの事例を見ていくことで，投資家の考え方の変遷を追う。

⑴　2015年　大塚家具における経営権争いとコーポレートガバナンスへの注目

　2015年，大塚家具において，当時の大塚勝久会長と，その娘である大塚久美子社長の間での対立が表面化し，株主総会において経営権を争うまでに発展した。大塚久美子氏側の会社提案に対して，大塚勝久氏側が株主提案を行い，互いに10名の取締役候補者を立てたものである。対立の争点は，本書の焦点を当てたい部分ではないため割愛する。ここでお伝えしたいのは，両陣営が自陣営の路線の正当性を株主に訴える際に何を拠り所としたかである。

　大塚久美子社長は，大塚家具は社会の公器であるとし，上場企業としてふさわしいコーポレートガバナンスの在り方を訴える戦略を取った。大塚久美子社長が会社提案として株主総会に提示した取締役選任議案は，10人中6人を独立社外取締役とする内容で，当時の東証一部上場企業において過半数の独立社外取締役を選任する会社は1.4％にとどまり，多くの会社がようやく2名程度の社外取締役を選任した段階であったことを考えれば，過半数を社外取締役が占めるという超先進的な取締役会構成で勝負した，といえるだろう。また，招集通知の同封資料においては，当時はほとんど例のなかった取締役会のスキルマトリクスを掲載し，コーポレートガバナンスの実効性をアピールした。

　一方の大塚勝久会長が提案した取締役選任議案も，10人中5人を独立社外取締役とする内容であった。ただし，会見においては父親としての立場を全面に出し，感情面に訴える戦略を取った。会見においては，背後にずらりと幹部社員を並べ，自身が多くの社員の支持を受けていることをアピールした。このような手法は，かつて敵対的買収を仕掛けられた日本企業が，労働組合が現経営陣を支持していることをメディアや文書を通じてアピールした考え方に立脚している。

　本件は，大塚久美子社長側が60％以上の賛成票を獲得して勝利している。中長期的に見てこの勝敗が株主やその他のステークホルダーにとって良かったのかどうかは，我々の議論すべきところではないが，勝敗を分けたのは明らかに，機関投資家がコーポレートガバナンスを真剣に考え始めた潮流を読み切れなかった大塚勝久氏と，コーポレートガバナンスを拠り所とした大塚久美子氏の

差であったといえるだろう。

　冒頭にも記載したとおり，1年前であれば，まだ「情」に訴える手法や，「従業員・労働組合の支持」を拠り所とする戦略は，ぎりぎり通用したかもしれない。しかし，急速にコーポレートガバナンス体制の整備と高度化を求め始めた機関投資家の変化は，大塚勝久氏陣営が思うよりもずっと速かった，といえるだろう。

⑵　2018年　日本ペイントのケースで注目された「取締役会がどのような観点で経営陣を監督するのか」

　2018年，日本ペイントホールディングス（以下「日本ペイント」という）は，39％の株式を保有する筆頭株主，シンガポールのウットラムグループ（以下「ウットラム」という）から株主提案を受けた。ウットラムは，50年以上にわたり日本ペイントと合弁事業を展開し，日本ペイントは営業利益の半分以上を同事業から得ている重要なビジネス・パートナーであり，ウットラムを率いるゴー・ハップジン氏は日本ペイントの取締役でもあった。

　こちらも，提案の背景となった経営方針・戦略面での対立内容の詳細は省くが，日本ペイントが2017年11月に，米塗料大手アクサルタ・コーティング・システムズを1兆円規模で買収することを目指したことが発端となった。買収は条件が折り合わず，合意寸前で破談となったが，ウットラムは，この買収を進めようとした経営陣に対し，株主価値の最大化がおざなりにされている，と反発した。

　当時の日本ペイントの取締役会は，7名のうち2名が独立社外取締役（ゴー・ハップジン氏は独立ではないため残り5名のほうにカウントされる）であった。これに対して，株主提案は，ゴー・ハップジン氏の再任と新たな社外取締役5名の選任を求めた。会社の定款上の取締役員数は10名であり，ゴー・ハップジン氏を含めれば株主提案候補者だけで社外取締役が過半数となる内容である。

　これに対し，日本ペイント側は当初，公表ベースでは態度を留保した。株主提案は1月19日に受領したことを1月22日にリリースしているが，「慎重に議論し，取締役会としての意見を形成いたしてまいります」とした。その後，会社のスタンスが示されたのは3月1日の「定時株主総会における取締役選任議

案候補者に関するお知らせ」で，会長と従来の社外取締役2名が退任する形で株主提案の新任候補者5名全員を受け入れることを開示した。

　この間1か月，機関投資家の議決権行使担当者へのヒアリングによれば，会社側は投資家との対話を続け，落としどころを探っていたとみられる。実際に，多くの機関投資家において，以下のような論点が重要視され，検討されていたと考えられる。

- 株主提案は，特定の大株主が推薦する社外取締役および取締役が過半数を占めることになり，少数株主の利益保護が懸念される。
- ウットラムは，追加資本を拠出することなく実質的に日本ペイントの経営権を握ることになり，適切ではないのではないか。
- 経営権をめぐる争いであるならば，ウットラムはより具体的な経営計画を提示すべきではないのか。

　しかしながら，結果として会社側は，株主提案を受け入れる状況に追い込まれた。日本ペイントは，ウットラムの提案する6名の取締役候補者と，会社側の候補者4名を合わせて会社提案として株主総会に諮ることとなった。会社側もウットラム側も，それぞれに機関投資家を訪問し自陣営への賛同を説得していたが，会社側にとっては機関投資家の反応が思わしくなく，このままでは株主提案が可決され，会社提案の候補者，特に社内取締役の多くが否決されるおそれがあるとの判断があったと推察される。

　本件も，従来であれば，「大株主が推薦している社外取締役候補者は，大株主からの独立性がない」とのロジックは一定の支持を得られたかもしれない。しかしながら，例えば議決権行使アドバイザーのISSは，当時の推奨レポートにおいて，以下のような趣旨を述べている。

- ウットラムが，事実上の買収をコントロール・プレミアムを支払うことなく実施するということなのではないか，との懸念があった。取締役の候補者がウットラムを代表する者であれば，そのような懸念は真実であっただろう
- しかし，5名の社外取締役の候補者は，いずれもウットラムと明確な関係がない。5名全員が，ビジネスやリーガルの強いバックグラウンドを持っており，各分野でのトラックレコードを見る限り，5名がゴー氏に盲目的に従うという推測は現実的ではない。また，ゴー氏は，ISSとの対話において，ウットラムが日本ペイントの株式保有比率を引き上げる意向はないことを述べた。
- 過去数年の日本ペイントとゴー氏のパワーストラグルを見ると，成長戦略において両者には違いがあると思われる。ISSは，ゴー氏の取締役会における影響力が強いことを懸念している。そのような状況においては，独立社外取締役の存在が重要である。

　このように，提案者のいかんによらず，社外取締役候補者の独立性はフラットに判断されるべきである，との考え方が多くの機関投資家から述べられることにより，会社側は前述の「特定の大株主が推薦する取締役では少数株主の利益保護に懸念がある」との論点での株主提案拒否を断念せざるを得なかっただろう（なお，ISSは本件以前から上記のようなスタンスを取っていた）。

　また，株主提案側は一貫して「株主価値の最大化」というキーワードを主張しており，取締役会がどのような価値観・軸でもって経営陣を監督するのかというポイントを示していた。この1年前であれば，機関投資家は主にコーポレートガバナンスの形式基準が整っていれば，それ以上の中身や実効性に深く踏み込むことはせず，「会社側も一定の対応をしている」と判断し，例えば会社側候補者には全員賛成し空席分の株主提案候補者に賛成するという姿勢に留めた可能性が高いと考える。そして，機関投資家の反応がそのようなものであれば，会社側が株主提案を全面的に受け入れるという結果にはならなかっただろう。コーポレートガバナンスの議論は急速に深度を増しており，「取締役会

がどのような観点で経営陣を監督するのか」が重要視された結果が，株主提案
の受け入れであったと考察する。

⑶　2019年 LIXILグループにおける論点「独立性の観点にとどまらない，監督機能を最大に発揮するためのベストな取締役会構成」

2019年，LIXILグループにおいて，前年に解任された瀬戸欣也前CEOが，潮田洋一社長率いる会社側に株主提案を行った。

対立の背景には，2016年よりCEOに就任していた瀬戸氏の業績改善のためのリストラや事業再編を進める方針に対して，潮田氏が懐疑的立場を取ったことがあるとされており，瀬戸氏は2019年に退任し，潮田氏が後任のCEOに就任していた。この退任の経緯をめぐり，瀬戸氏は指名委員会の名を借りた潮田氏の独断によるもので適切な指名プロセスではなかった，と主張し，自身の取締役CEOへの復帰を含む8名の取締役選任の株主提案を行ったものである。

会社側と株主提案側の取締役候補者は図表3－4のとおりであった。

図表3－4　LIXILグループ第77回定時株主総会（2019年6月25日）における取締役選任議案候補者

会 社 側	株主提案側
社内取締役候補者　1名 大坪一彦氏（LIXILグループ事業会社社長）	社内取締役候補者　4名 瀬戸欣也（前LIXILグループCEO） 伊奈啓一郎（LIXILグループ取締役） 川本隆一（LIXILグループ取締役） 吉田聡（LIXILグループ事業会社専務）
社外取締役候補者　7名 三浦善司氏（元リコー） 河原春朗（元JVCケンウッド） 福原賢一（ベネッセHD） 竹内洋（元政策投資銀行） 内堀民雄（元ミネベアミツミ） 鈴木輝夫（公認会計士）※ 鬼丸かおる（元最高裁判事）※ ※の2名は，株主提案候補者と重複	社外取締役候補者　4名 西浦裕二（元三井住友トラストHD） 鬼丸かおる（元最高裁判事） 鈴木輝夫（公認会計士） 濱口大輔（元企業年金連合会）

（出所）　同社招集通知より

　ここでのポイントは，会社側は，株主提案候補者のうち2名をピックアップ
して会社提案の候補者に含め，株主提案に対してもフラットな姿勢で議論をす
る会社の姿勢を提示するとともに，社外取締役の比率の増大（8名中7名，
87.5％）などコーポレートガバナンスの形式的な面での充実を提示して見せた
ことである。そのうえで，株主提案候補者に対しては個々に独立性の問題など
を指摘していった。

　一方，瀬戸氏の陣営は，個々の候補者の適切性に焦点を当てた会社側の議論
には乗らず，会社側の提示する取締役会と株主提案の取締役会のどちらがより
企業価値を向上できるか，という争点を提示して見せた。

　実際に総会後の各機関投資家の議決権行使結果の開示を見ると，多くの機関
投資家が，「丸ごと会社提案に賛成（株主提案には全反対）」か「丸ごと株主提
案に賛成（会社提案には全反対）」のいずれかの行使行動を取っており，後者
の方が多数であったことで勝敗が決した。

　アクティビストなどが数名の社外取締役選任を提案した場合，多くの機関投
資家における検討過程では「どの候補者を入れるか」，「どの候補者を落とす
か」という観点が強いと思われ，実際の行使結果を見ても「株主提案の3名の
うち，2名には賛成する」，「定款上の取締役員数の関係から，会社提案側も1
名を反対する」というような行使行動が多く見られる。議決権行使アドバイ
ザーのISSの行使推奨レポートにおいても，その株主提案の候補者に賛成する
ことが，取締役会に新しい風をもたらすか，取締役会議論の活性化に資するか，
という観点が強い。

　本件においても，会社側はそのような投資家の判断を期待して，株主提案か
ら候補者の一部を受け入れることでより社外取締役比率が高くなり，多様な社
外取締役を擁することになる会社提案が支持されるだろう，と考えたと考察す
る。また，株主提案は，社外取締役の人数・比率からいうと，会社提案に比べ
て低く，コーポレートガバナンスの形式論においても株主提案には負けない，
と考えただろう。

　しかしながら，株主提案側が，現状において最も株主価値を上げられる取締
役会はどちらか，経営を託すに足るCEOは誰なのか，社内取締役が複数名参
画することでの取締役会の議論の実効性向上，高い独立性とバックグラウンド

の多様性を備えた社外取締役による監督機能の向上など，取締役会全体のバランス，つまりスキルマトリクスのバランスを見てほしい，との論を展開したことに多くの機関投資家は賛同したものと考察する。

　社外取締役を中心とした監督機能というだけでなく，社内取締役も含めた取締役会全体としてのベストな構成によって取締役会の実効性は発揮される，という論点が機関投資家に評価されたことが，株主提案の可決につながったと考えられる。

③ 投資家のエンゲージメント部門の現状と課題

　ここまで見てきたように，2000年代以降，機関投資家は議決権行使部門を充実させてきた。近年では，「議決権行使」を行うだけでなく，より広範なESGやサステナビリティの観点からの企業分析とそれに基づくエンゲージメントを担う，という観点から，組織名も「スチュワードシップ推進部」，「責任投資部」，「ESG推進室」のように変わってきている。機関投資家各社はスチュワードシップ・レポートなどを通してエンゲージメントの内容を開示している。個々の機関投資家としての対話や議決権行使を通じた企業へのアプローチのほか，気候変動やカーボンニュートラル，人的資本やダイバーシティなどトピックごとに団体や投資家グループによる活動に参画し，社会・国・地域単位でのアプローチも含めて企業に対する影響力をより効果的に行使する活動に注力している。

　一方で，現在のエンゲージメント活動の軸の1つとなっているESGやサステナビリティの考え方も，必ずしも安定・一定しているものではない。米国においてはESGという言葉が消える，と言われ始めている。ESGが政治的な対立において攻撃材料として使われるようになり，環境など非財務的な要素を重視する機関投資家を批判する共和党と，投資家により積極的な脱炭素・気候変動対応を求める民主党という構図ができている。

　こうした政治問題を踏まえ，ブラックロックのCEOであるラリー・フィンク氏は，2023年6月に「ESGという用語を自身としてはもう使わない，政治色を帯び過ぎた言葉が誤解を呼び攻撃材料として使われるためだ」と表明した。

同氏は，世界最大規模の機関投資家のトップとして長年，気候変動問題などの重要性を発信し，ESG投資の旗振り役であっただけに，他の投資家からは失望の声が聞かれた。

しかし，グローバル機関投資家においては，「ESGという単語を使うことがなくなったとしても，企業の中長期的な価値の基盤となる事項への見方は変わらない。ESGに関わる事項は引き続き投資家の重大な関心事であり，気候変動問題などにおいては対話や方針の開示の要求にとどまらず，ダイベストメントも含めた投資判断への反映をより強めていく必要がある」との問題意識が引き続き持たれているようである。

ジェイ・ユーラスでは，機関投資家のエンゲージメント担当者との情報交換を継続的に行っている。2023年においては，以下のような論点が担当者から聞かれた。

企業とのエンゲージメントについて

- 企業からのエンゲージメント要請が急激に増加しているため，目的とテーマを明確にしたうえで依頼をしてほしい。
- 対話の内容や議決権行使の結果を，経営陣，取締役会にフィードバックし，企業の変化につなげていく意識を期待する。

社外取締役への期待

- 株主の代表として経営を監督している立場にある社外取締役に対して，資本市場との橋渡し役を期待する。
- 会社の課題や自身の役割について話してほしい。

取締役会のダイバーシティ確保

- スキルマトリクスは，企業の方向性・戦略に照らして必要なスキルを可視化する目的を意識してほしい。
- 多様性を確保する重要性，意義を改めてしっかり考えてほしい。

サステナビリティに関する開示

- サステナビリティについては経営戦略，競争優位性等に結び付けた開示

が求められる。

- 将来の企業価値にどのようなインパクトがあるかといった観点が重要である。
- 気候変動, 人的資本・ダイバーシティ, サプライチェーンなど重要な論点についても, 上記の観点での発信を期待する。

アクティビストによる株主提案

- アクティビストによる提案は, 従来と異なり洗練され, 機関投資家が反対する理由のない内容が増えている。
- 企業がアクティビストの声を自社の変化のきっかけとすることを期待する。

4 議決権行使アドバイザーの動向

(1) 議決権行使アドバイザーの概要

議決権行使アドバイザーとは, 機関投資家に対して上場企業の株主総会議案について, 内容・背景を分析し, どのような議決権行使をするのが株主価値の観点から適切かを助言・推奨する機関である。多くの機関投資家が影響を受けるため, 企業側にとってもその動向は安定した株主総会運営において非常に重要である。

世界的に有力なアドバイザーとして, ISS (Institutional Shareholder Services) やGlass Lewisが知られている。日本企業においては, もちろん個々の企業の株主構成にもよるが, 外国人名義の株式のうち, 8割, 時には9割を超える株数が, ISSやGlass Lewisの行使助言レポートを参照する機関投資家によって保有されていることが少なくない。

ただし, 機関投資家におけるレポートの活用方法は, ①レポートの賛否推奨内容のとおりに議決権行使を行う, ②レポートの分析データに自社の定量的な議決権行使基準を照らし合わせて賛否判断を行う, ③レポートの賛否推奨内容・分析データを参考資料とし, 自社の議決権行使基準, 考え方に基づいて賛

否判断を行う，など濃淡がある。

　したがって，外国人名義株式のうち9割を保有する機関投資家がレポートを参照している状況で，反対推奨に従って9割が反対行使をした，というような株主構成の企業もあれば，反対推奨どおりに反対行使をした機関投資家と自社の判断により賛成行使をした機関投資家が半々であった，というケースもある。

　過去からの比較でいえば，①のタイプから③のタイプに移行する投資家が増加する傾向であるといえるだろう。この背景には，ISSやGlass Lewisの影響力が大きすぎることへの懸念，その行使推奨内容や根拠，プロセスの透明性への懸念などから，ISSやGlass Lewisに対しては体制整備や開示の充実を，機関投資家に対しては適切なスチュワードシップ責任の遂行が求められるようになってきていたことがある。

　影響力の大きさへの懸念，という観点では，主に米国において議論がなされてきた。ISSやGlass Lewisの意見によって総会議案の可否が左右されることに多くの米企業が反発し，2016年から米国議会において議決権行使アドバイザーに対する新たな規制を設ける法案が審議された。

　こうした動きを受け，米国証券取引委員会（SEC）においても規制の在り方が検討された。その結果，2020年に，SECは議決権行使アドバイザーに対する規制を決定，議決権行使アドバイザーは1934年証券取引所法の「勧誘行為」に該当することを明確にし，委任状勧誘規制が適用されることとなり，議決権行使助言をするたびに，SECに対する情報提供や報告が義務付けられることが決まった。また，運用会社の議決権行使の受託者責任に関しても，議決権行使アドバイザーの利用を認めつつ，当該助言会社のスタッフの構成・質，技術力等が議案の内容を適切に分析・評価するのに十分か否か検討することを運用会社に求めた。

(2)　日本における議決権行使アドバイザーの対話姿勢

　ISSもGlass Lewisも，かつて，多くの日本企業と対話を行う姿勢を持っていた。例えば，筆者が2000年代，日本におけるアクティビストの黎明期に支援をしたほぼ100％の企業でISSとの面談が設定できていた。株主総会前の議案や背景，会社の考え方や取り組みの説明のための面談はもちろん，平常時の意見交

換やISSの基準・考え方をヒアリングして自社の今後のコーポレートガバナンス体制整備に反映させるといった目的の面談も，ISSは積極的に受け入れていた。2010年代前半においても，その傾向は継続していた。

しかしながら，前述の米国における規制の議論もあり，2020年頃を境に，ISSのこうした姿勢は大きく変化した。定性的な判断が重要となるケースのみ面談を受けるなど，案件が絞り込まれるようになり，現在では，ほぼ面談は受け入れられない状態になっている。面談内容も，かつては意見交換のうえで，株主から見た望ましい在り方や，どのような方策を講じれば賛成推奨になりうるのかといった示唆がISSから企業に提示されていたが，面談の目的をISS側の情報収集に限るスタンスへと変化してきた。

こうしたISSの姿勢の変化には，以下のような背景があると考えられる。

① 日本企業においてコーポレートガバナンスの考え方が浸透していなかった時期においては，企業との直接対話により啓蒙活動を行うことが，日本の株式市場においてISSの存在意義を受け入れてもらううえで重要であったが，コーポレートガバナンス・コードの制定等を経て，そのフェーズは終了した。

② 日本企業の多くがコーポレートガバナンスや株主総会の運営に真摯に取り組むようになってきた中で，個別面談を希望する企業が増え，すべてに対応することが現実的でなくなった。

③ ISSの体制整備や情報開示への圧力が高まり，公平公正な議決権行使助言の判断にあたり，企業や状況によって個別面談の実施有無が異なることの説明が難しくなってきた。

(3) 企業側に求められる対応

こうした状況を踏まえ，企業側においては以下のような対応が重要となる。

① ISSやGlass Lewisの判断基準，考え方を把握し，賛成推奨を得る可能性を最大化するよう，取り組み，情報開示の充実を図る。

② ISSやGlass Lewisへの情報提供・説明を，面談等のコミュニケーションに頼らず，できる限りの材料・情報を開示情報に出し切る。特に，議決権行使アドバイザーが必ず参照し，最も基礎的かつ重要な情報源である招集通知において，できる限りの情報を盛り込む。

③ ISSやGlass Lewisの行使推奨のみに拠らない機関投資家は増加傾向にあるため，そのような個別株主に対するアプローチを強化する。

④ ISSやGlass Lewisの行使推奨のみに拠らない機関投資家は，アクティブ運用投資家に多いため，そのような投資家が多い株主構成を目指し，普段からIRに取り組む。

(4) 直近の議決権行使アドバイザーの判断基準の変更

　議決権行使アドバイザーは行使推奨の判断基準を毎年見直しており，直近ではISSは2024年1月25日に，Glass Lewisは2023年12月14日にそれぞれポリシーの改訂を発表している。従来からの変更点の概要は以下のとおりである。

ISS

- ROE基準適用の再開：コロナ禍において適用を停止していたROE低水準企業に対する経営トップへの反対推奨の再開。
- 買収防衛策基準の厳格化：取締役会における独立社外取締役比率の過半数への引上げ。

Glass Lewis

- 取締役会のジェンダー・ダイバーシティ基準の厳格化：20％以上の多様な性別の取締役がいない場合の議長，指名委員長等への反対推奨。
- 政策保有株式基準の厳格化：政策保有株式が対連結純資産の10％以上20％未満の場合の例外規定のROE基準を8％へ引上げ。
- 取締役会の構成とリフレッシュメント：社外取締役全員または社外監査役全員の在任年数が12年以上の企業の議長，指名委員長等への反対推奨。
- サイバーリスクの監督基準の追加：取締役会の監督やサイバーセキュリ

ティ関連事項に関する開示が不十分な場合の取締役選任への反対推奨。
- 気候関連問題に対する取締役会の説明責任基準の追加：気候変動リスクへの重大なエクスポージャーを有する企業等において，TCFDに沿った開示が不足している場合の取締役選任への反対推奨。

　議決権行使アドバイザーだけでなく，多くの機関投資家の議決権行使基準においても，ROEや政策保有株式の観点での基準厳格化が進む方向性であり，より一層の資本効率を意識した経営が求められつつある。また，取締役会の構成においても，より高い独立社外取締役比率やダイバーシティが求められていく方向性にある。

Column

ある機関投資家（議決権行使部門）の本音

"困った時にだけ面談に来るのですか？"

　有事株主総会になった企業で，機関投資家から賛同を得るために面談をした際に，機関投資家から冒頭に言われたひとこと。

　「通常の株主総会で，会社議案に対して反対行使をしてきたが，それに対して何も説明にくることはなかった。それが，株主提案が出たことによって，このように我々と面談をしにくる。貴社は，我々機関投資家株主をどのように捉えておられるのか」といった趣旨の発言のなかでのコメントである。日頃のIR/SR活動によって機関投資家と信頼関係を構築しておくことの重要性を端的に示している。

"大幅な株主還元で乾びることは避けてほしい"

　積極的な株主還元策を出した企業が，その考え方の背景を説明するために機関投資家と面談をした際に言われた言葉。

　「アクティビストからの要請をもって，一時的に大幅な株主還元をする企業が散見される。我々は10年，20年というタイムラインで企業を評価し株式を保有する。短期投資家やアクティビストにとってベストの結果は必ずしも我々にとってベストにはならない。長期投資家としては継続的な利益還元が望ましいという考え方がベースにある。」といった趣旨の発言のなかでのコメントである。

ただし，この企業は，長期ビジョンに則って中期経営計画を上方修正するなかでの株主還元策の変更であったため，「ポジティブサプライズ」であり「資本効率を意識した方向に進んでいる」といった高い評価を機関投資家から得ていた。

"一般株主の代表である社外取締役に，その意識がないのであれば，社外取締役としての適格性に疑問を持つ"

　社外取締役と機関投資家が面談をした際に，さまざまなディスカッションをしたなかで，機関投資家から言及されたコメント。

　「平時に社外取締役が牽制機能を利かせるのは当然のことだ。有事においては，社外取締役が一般株主の代表として，会社の課題を何と捉え，会社をどう変えようとするのかが重要である。」

　その会社の社外取締役が，自社の経営陣を擁護するような発言を繰り返している，と捉えられたことがこの発言の背景にある。

　なお，社外取締役との対話について，別の機関投資家は次のように述べている。

　「ガバナンスの中で一番気にしているのは社外取締役が取締役会で活躍しているかどうかである」，「社外取締役の課題意識，特に就任当初との見方の違い，起こった変化などを聞くことは情報ソースとして非常に有効だ。ボードの議論に参加している人の率直な課題感を投資家に話していただく機会はあったほうがよい。」

第4章

アクティビスト対応における具体的な施策

　本章では，アクティビストが企業にアプローチする際にどのようなパターンがあるのかを説明したのち，それを迎え撃つ企業はいかに対応をするのか，およびその際の取締役会や社外取締役の関与について解説する。

1 アクティビストのアプローチパターン

　アクティビストが企業にアプローチする際，以下のパターンを踏むケースが多い。

- 面談依頼をしてくる
- 書簡が送られてくる
- PRエージェント等を使用してオープンな活動を開始する
- 株主提案をほのめかす
- 政策保有先，親会社や大株主などにも書簡送付・面談の申し入れ等をしてくる
- 他の機関投資家（イベントドリブン系ヘッジファンド）との連携をアピールしてくる

　アクティビストが水面下で要求してくることは，株主にキャッシュをもたらすような内容とそれにつながる付随事項，例えば増配，自己株式取得，統合条件の改善，そして社外取締役選任や開示情報の拡充などが多い。個別面談にお

いて言及してくることもあれば，レターやホワイトペーパーで指摘してくることもある。

　これらの要求に対して会社側も見解（多くが反論意見）を示すのだが，それに対して再びレターなどを送付してくることもある。会社側の見解やスタンスを見ながら，PRエージェント等を活用して経済誌やセミナーで発言したり，独自のホームページを開設してネガティブキャンペーンを実施したり，株主提案をする用意があるなどといってきたりする。

　さらには，会社側の安定株主である政策保有株主や大株主へのアプローチや，他の機関投資家と連携し会社に対する影響力を強めていることをアピールするなど，さまざまな仕掛けを施してくる。

　図表4－1を見ていただきたい。これは上の図が平時，下の図が有事におけるIR/SR活動を図示したものである。有事においては右上2つの工程が加わることが平時とは異なる。この図表からお伝えしたいポイントは以下の2つである。

---

　①　有事においても，平時IR/SR活動の基本活動に変わりはない
　②　有事で加わった2つの工程は，わずか1－2か月の間で何度も繰り返
　　　されるため，このIR/SR活動の輪が急速回転することを余儀なくされる

　平時からのIR/SR活動がいかに重要であるかは第5章に譲るが，有事になると関連部署は多忙を極める。そうした中でも，会社としてのメッセージの軸をぶらさず，説得力ある説明の発信をし続けることが極めて重要になる。

図表 4 － 1　平時と有事における IR/SR

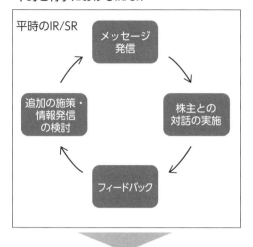

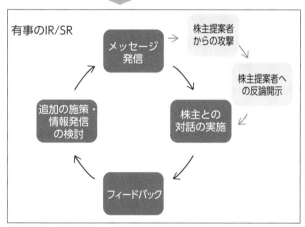

② アクティビストに狙われたときに避けるべきこと

　アクティビストに狙われたときに，最初の窓口となることが多いIR部門に，ぜひ注意していただきたいのは，IR部門の責任だと問題を矮小化しないことである。面談依頼が来たがひとまずIR部門で対応しておこう，レターが来たが開示情報からうまく文章を作って回答しておこう，などとは決して思わない

ことである。

　本書の「はじめに」にあるとおり，アクティビストに狙われたということは，そのような隙を作った経営のミスである場合が多いと考えるためである。よって，アクティビスト対応は経営マターであるとの認識を持ち，対症療法的に行うことなく，会社として戦略的に対応していくことが重要である。

　本書の第2章で紹介した企業を見るだけでも，中小型銘柄から大型銘柄に区分される企業まで幅広く，また業種もさまざまであることがわかる。時価総額が大きいから大丈夫だろう，この業界は目を付けられないだろう，などということはないのである。

　しかし，狙われる企業には共通事項があるように思われる。詳細は第1章を参照いただきたいが，アクティビストに狙われた企業は，狙われる以前に中長期投資家からも資本効率やガバナンスなどの問題点について，似たような指摘を受けている可能性が高い。自社が資本市場からどう見られているのか，アクティビストが攻撃を仕掛けてきそうな論点があるか，また，それらの論点に対して対応策を持ち合わせているのか，すでに対応している点はあるのか，といった自らの振り返りをしておく必要がある。

　そのうえで，いつ自社がアクティビストに狙われてもおかしくないという緊張感を持ちつつ，後述する「コンティンジェンシープラン」によって備えることが重要である。

③ アクティビスト対応の流れ―コンティンジェンシープランの進め方

　万が一の災害に備えて「避難訓練」が重要であるのと同じように，有事についても避難訓練が重要である。ここでは，有事に備えた避難訓練として「コンティンジェンシープラン」を紹介する。

　コンティンジェンシープラン（有事に備えて事前に定めておく対応策や行動手順）では，次の4つのフェーズごとに，想定される事態⇒目標⇒施策の概要⇒具体的対応の工程において，誰が何を行うかを示す内容になっている。

　4つのフェーズは図表4-2のとおりである。「フェーズ0」はアクティビストの気配がない段階，「フェーズⅠ」は株主化（株主になった状態）や面談

依頼などアクティビストが顕在化した段階，「フェーズⅡ」は面談や書簡など
を通して具体的に要求が伝えられてきた段階，「フェーズⅢ」は株主提案や会
社議案反対キャンペーンなど有事株主総会となった段階である。

図表4－2　アクティビスト対応の4つのフェーズ

フェーズ0	「平時」
フェーズⅠ	「アクティビストの顕在化」
フェーズⅡ	「アクティビストからの要求（面談や書簡）」
フェーズⅢ	「株主提案や反対キャンペーンなどの有事株主総会」

　自社がどのフェーズにあるのかの判断に最も迷うのは「フェーズⅠ」であろ
う。株主となっても特に何も言ってこない，面談依頼があり面談してみたもの
の普通のIR面談であった，という状況下の場合，アクティビストが顕在化し
たといって，対応を始めるのは大袈裟すぎるのではないか，という議論が社内
で出てくるといった話を聞く。
　しかし，そもそも「コンティンジェンシープラン」とは，避難訓練である。
万が一のことが起きた場合に，慌てることなく，後手に回ることなく，粛々と
対応していくための準備である。また，アクティビストは，面談当日は友好的
であっても，翌日には書簡を送付してくるといったことが普通にある。彼らに
とって，レターや株主提案は特別なことではなく，IR面談と同列の，企業か
ら対応を引き出すためのツールに過ぎず，そこに一切の心理的ハードルはない
からである。自社を守るためには，大袈裟なくらいの対応・備えが必要である
と考えられる。
　それでは，具体的に各フェーズを見ていきたい。

(1)　フェーズ0

　アクティビストの気配がない平時におけるIR/SR活動である。IRには「攻め」
と「守り」がある。「攻めのIR」は，中長期運用機関投資家の株主化を目指し
たマーケティング的なアプローチである。一方，「守りのIR」は，このフェー
ズ0で示す，アクティビストから自社を守るためのアプローチであり，その観

点で，図表4－3を見ていただきたい。

図表4－3　フェーズ0

フェーズ0　「平時」

A）想定される事態

- 中長期運用機関投資家からの面談依頼が主流，ヘッジファンドは限定的
- 株価や株主判明調査においても懸念するような前兆[*]が見られない
  （＊）フェーズⅠの「想定される事態」を参照

B）目標

- 自社にとって望ましい株主層の構築
- アクティビストを寄せ付けない環境構築

C）施策の概要

① 定期的な株主判明調査の実施
② 中長期運用機関投資家のターゲティングに基づくアプローチ
③ 中長期的な観点での経営/サステナビリティ/ESGメッセージの構築
④ 中長期運用機関投資家との対話（IR），機関投資家株主との対話（SR）
⑤ パーセプション（当社経営に対する評価と懸念）の把握
⑥ 経営陣へのフィードバック

D）具体的対応

C－① 定期的な株主判明調査の実施

1）作業の流れ
- 毎年〇月末時点の株主名簿をもとに総会主管部署にて実施→調査結果の経営陣・取締役会への報告

2）確認するポイント
- アクティビストの株主化（有無）
- 判明率（〇％以上であるか），ヘッジファンド（比率は高まっていないか）
- 主要株主（大きな変動はないか）
- 中長期アクティブ運用投資家の株主化（比率が高まったか）
- 新規株主は期待していた投資家か（IRの効果確認）
- 運用スタイルの変化（資本市場からの評価把握）

3）対応主体
- 判明調査の実施：総務部等
- 判明調査の活用：IR部等

C－② 中長期運用機関投資家のターゲティングに基づくアプローチ

1）作業の流れ
- 株主判明調査結果，コンタクト履歴などをもとにターゲティングリスト作成
- アプローチに優先度を付け，それに基づきアプローチ

2）確認するポイント

- 四半期ごとにターゲット投資家へのコンタクト状況
- 半期ごとの株主判明調査におけるターゲット投資家による保有の増減
3）対応主体
- IR部等

C-③　中長期的な観点での経営/サステナビリティ/ESGメッセージの構築

1）作業の流れ
- ありたい姿（長期ビジョン等）からバックキャスティングによるメッセージ構築
- 投資家の関心事（個別面談等）から当社に求められていることも踏まえる
2）確認するポイント
- 投資家の懸念事項に対する回答になっているか
3）対応主体
- 経営企画部，経理財務部，IR部等

C-④　中長期運用機関投資家との対話（IR），機関投資家株主との対話（SR）

1）作業の流れ
- 個別面談，スモールミーティング，ラージミーティングなど手法の検討
- 当社側の出席者の検討（経営陣，社外取締役，IR部，関連部署等）
2）確認するポイント
- 伝えたいメッセージに最適なスピーカーとなっているか
3）対応主体
- IR部等

C-⑤パーセプションの把握

1）作業の流れ
- コンタクト投資家への直接インタビュー
- 四半期ごとに投資家との面談議事録の整理（投資家の質疑内容の傾向を分析）
2）確認するポイント
- 声の大きさに惑わされることなく客観的に評価と懸念を把握する
3）対応主体
- IR部等

C-⑥　経営層へのフィードバック

1）作業の流れ
- C-⑤で得られた情報をもとに，当社に対する評価と懸念の報告（年〇回：〇月，〇月）
2）確認するポイント
- 懸念事項に対する経営層の受け止め方
3）対応主体
- 経営企画部，IR部等

124

(2) フェーズⅠ

アクティビストの気配が見え始めた,「顕在化」したIR/SR活動を図表4-4でまとめている。

図表4-4 フェーズⅠ

フェーズⅠ 「アクティビストの顕在化」
A)想定される事態
・株主判明調査において,判明率の低下,ヘッジファンド保有比率の増加 ・株主判明調査やその他情報(メディアなど)にて,アクティビストによる株式保有の確認 ・アクティビストからの面談依頼(ただし,具体的な要求なし) ・株価・出来高に(自社業績やイベントに連動しない)変化
B)目標
・有事を想定した完全な準備
C)施策の概要
① 社内対応部署および社外支援会社の選定 ② 純投資株主(アクティビスト以外の株主)の自社に対する評価と懸念の把握 ③ 懸念事項(=株主提案となりえる事項)に対する,経営としての方向性の検討 ④ 個人株主・法人株主の整理,および連絡先(担当者)の把握
D)具体的対応
C-① 社内対応部署および社外支援会社の選定 　1)作業の流れ 　　・チームの選定→社外候補先と面談→チーム形成

○○部署	Aさん	
FA(ファイナンシャル・アドバイザー)	○○株式会社○○氏	03-XXXX-XXXX
LA(リーガル・アドバイザー)	○○事務所○○氏	03-XXXX-XXXX
IR/SRコンサルティング会社	○○株式会社○○氏	03-XXXX-XXXX
PRコンサルティング会社	○○株式会社○○氏	03-XXXX-XXXX
証券関連印刷会社	○○株式会社○○氏	03-XXXX-XXXX

　2)確認するポイント
　　・社内の関係者の特定,主要部署(担当)の確定,決裁者の確定
　　・社外支援会社の選定
　3)対応主体
　　・ファイナンシャル・アドバイザーの選定:○○部
　　・有事対応に実績のある弁護士の選定:○○部

- IR/SRコンサルティング会社の選定：○○部
- PRコンサルティング会社の選定：○○部
- 証券関連印刷会社の選定：○○部

C-②　純投資株主（アクティビスト以外の株主）の自社に対する評価懸念の把握

1）作業の流れ
- 懸念事項の洗い出し

2）確認するポイント
- 過去1年程度のIR/SR面談にて懸念として指摘されている事項すべて

3）対応主体
- IR部等

C-③　懸念事項（＝株主提案となりえる事項）に対する，経営としての方向性の検討

1）作業の流れ
- C-②で洗い出した懸念事項について，IRの開示方法で解決できる内容，経営判断が必要となる内容など，重要度，優先度別に整理・区分
- 上記について経営陣にて検討（懸念事項に経営として対処するのか否か）
- 必要に応じてリリース／開示の準備

2）確認するポイント
- 対症療法的な説明になっていないか

3）対応主体
- IR部，法務部等

C-④　個人株主・法人株主の整理，および連絡先（担当者）の把握

1）作業の流れ
- ○月末時点の株主名簿をもとに，○株以上保有する個人株主の人数（割合），関係者（OBなど），連絡先有無の確認。必要に応じて，電話番号を把握するためのアプローチの検討
- ○月末時点の株主名簿をもとに，○株以上保有する法人株主の社数（割合）および連絡先，当社側担当者の確認。必要に応じて，アプローチの検討

2）確認するポイント
- ○○氏へのアプローチは○○部と，具体的に動けるレベルになっているか

3）対応主体
- IR部，総務部等

4）その他
- 個人株主の電話番号の把握を目的にアンケート調査活用の検討
- 電話掛けをする可能性がある旨の注釈の記載方法について弁護士と相談

前述のとおり，会社によっては，この「有事」の捉え方が異なる。まだ有事

とはいえないのではないか，何か言ってきてから有事体制を取ればよいだろう，といった声を聞くことがよくある。

しかし，アクティビストから書簡が届くなど，一度動き出すと，その対応で多忙を極めることになる。そうなる前に体制を整えておくことが重要である。また，アクティビストが指摘してくるような事項をあらかじめ洗い出し，経営判断を促すことで，結果的にアクティビストを寄せ付けない経営になる。

(3) フェーズⅡ

図表4-5に示されるフェーズⅡは，アクティビストから何かしらの要求があったフェーズであり，明らかに「有事」である。このフェーズで最も重要となるのが「首尾一貫した対応」と「その他株主との信頼強化（与党作り）」である。

図表4-5　フェーズⅡ

フェーズⅡ　「アクティビストからの要求（面談や書簡)」
A）想定される事態
• アクティビストから要求を伴う面談や書簡受領
B）目標
• 首尾一貫した対応（反論させる余地を与えない対応） • その他株主との信頼強化（与党作り）
C）施策の概要
（アクティビスト対応） 　①　対応方針の検討（面談／返信の是非，スタンス，対応者） 　②　面談に向けた具体的対応の検討（資料，想定QA） 　③　要求の具体的対応の検討（書簡の主張に対する会社意見） 　④　面談後，必要に応じて経営陣／取締役会における議論 　⑤　当社側回答（書簡送付），必要に応じて決定事項に関する開示 （その他株主対応） 　⑥　当社株主の大枠における行使スタンスの整理（野党・与党・中立） 　⑦　開示事項がある場合，機関投資家株主（中立）との対話
D）具体的対応
C-①　対応方針の検討（面談／返信の是非，スタンス，対応者） 　　1）作業の流れ 　　　• チームに状況共有，対応方針の議論→経営陣／取締役会において最終判断

2）確認するポイント
- 初期対応として，いつまでに，誰が，何をするのかの確定
- 資料/想定QA/会社意見の対応は，いつまでに，誰が，何をするのかの確定
3）対応主体
- IR部等，（経営陣）

C−②　面談に向けた具体的対応の検討（資料，想定ＱＡ）

1）作業の流れ
- チームとともに説明資料の作成
- チームとともに想定ＱＡの作成
2）確認するポイント
- 経営戦略と合致し首尾一貫したメッセージとなっているか
3）対応主体
- IR部等，（経営陣）

C−③　要求の具体的対応の検討（書簡の主張に対する会社意見）

1）作業の流れ
- 当社としての考え／反論を経営陣にて判断
- 上記に基づき，チームで主張の展開方法を検討，最終的に取締役会で承認
2）確認するポイント
- 経営戦略と合致し首尾一貫したメッセージとなっているか
3）対応主体
- IR部等，（経営陣）

C−④　面談後，必要に応じて経営陣における議論

1）作業の流れ
- 面談議事録の共有，今後の方針について検討（アクティビストからの主張に対し，当社として対応するのか否かも含める）
2）確認するポイント
- 経営戦略と合致し首尾一貫したメッセージとなっているか
3）対応主体
- IR部等，（経営陣）

C−⑤　当社側回答（書簡送付），必要に応じて決定事項に関する開示

1）作業の流れ
- いつの段階で開示し，いつ書簡を送付するのかをチームで検討
2）確認するポイント
- 社内事情ではなく戦略的に行う
3）対応主体
- IR部等，（経営陣）

C−⑥　当社株主の大枠における行使スタンスの整理（野党・与党・中立）

1）作業の流れ

- ○年○月末時点の株主名簿をもとに，野党（どのような議案であっても会社に反対），与党（どのような議案であっても会社に賛同），中立（上記以外）を区分
  2）確認するポイント
- 楽観的にではなく「保守的」に区分しているか
  3）対応主体
- IR部等

C－⑦　開示事項がある場合，機関投資家株主（中立）との対話

1）作業の流れ
- C－⑤の方針を踏まえて，開示と同時にアプローチを開始できるよう準備（機関投資家株主の誰に会うのか，何を伝えるのか，当社側は誰が説明するのか）
2）確認するポイント
- 社内事情ではなく戦略的に行う
3）対応主体
- IR部等，（経営陣）

　有事対応を進めていく過程で，会社側の対応や主張に一貫性がないと，それ自体が隙を見せることにつながり，アクティビストにさらなる攻撃材料を与えてしまうおそれがある。

　フェーズⅡの段階で経営陣を巻き込んで対応することができた会社は，必ずといってよいほど成功している。

　経営陣が適宜有事対応チームの議論の場に出席し，それぞれの専門家の意見を直接聞き，時には議論に加わったうえで判断を下すのと，有事対応チームの議論の結果を事務局から聞いて判断を下すのとでは，異なる結果になることがある。

　前者は，専門家がそれぞれの立場で意見を出し合うことで，例えば現経営戦略の延長線上で対処した場合のプロコン（良い点と悪い点の整理），新たな経営方針を打ち出した場合のプロコンなど，チーム全体の議論が深まり，結果的に首尾一貫した主張や対応が可能となる。

　後者は，現経営戦略の延長における経営陣の考えを事務局経由でチームは把握し，それを基にチームの見解をまとめ，それを事務局経由で経営陣へ伝えるため，核心を突いた議論にまでいかないことがある。さらには，事務局が経営陣に対してきちんと報告できるよう，「会議のための会議」を行う結果にもな

り，有事下において最も貴重な時間を無駄に費やすことになりかねない。

　なお，ここでいう「成功」とは，株主提案に至ることなく水面下で決着がつくことである。例えば，株主に言われて増配したのではなく，その会社の中長期的な経営戦略の一貫として適切な範囲で増配することを決定した，という見せ方を資本市場に対して示すことができた状態である。さらには，その対応によって，アクティビストが過度な要求をすることなく，自然と退散していったとなれば，これは大成功といえる。こうした成功は，アクティビスト以外の株主・投資家が自社に対して何を，どの水準で要望しているのかの把握を徹底したうえで，自社の事業の状況や経営リソースを考えた時にどこまでの対応が可能あるいは適切なのかという議論を突き詰めた場合にのみ，もたらされる。

⑷　フェーズⅢ

　株主提案の受領や，会社議案に対して反対キャンペーンが行われるといった，有事株主総会になることが確定的になったフェーズである。

図表4−6　フェーズⅢ

フェーズⅢ　「株主提案や反対キャンペーンなどの有事株主総会」
A）想定される事態
・個別株主通知の受領，株主提案の受領（ただし，個別株主通知があっても株主提案に至らない場合もある） ・会社議案「反対」の意向受領（以下「反対キャンペーン」という）
B）目標
・その他株主から賛同を得る ・会社議案への高い賛成率の獲得
C）施策の概要
①　チームによる株主提案や反対キャンペーンに対する対応の検討 ②　株主提案に対する反駁メッセージの構築 ③　国内／海外機関投資家の票読み ④　国内／海外機関投資家のアプローチ先選定（ターゲティング）および面談 ⑤　ISS・GLへのアプローチ ⑥　週1回程度の定例ミーティング（電話会議やWEB会議） ⑦　個人株主・法人株主へのアプローチ
D）具体的対応
C−①　チームによる株主提案や反対キャンペーンに対する対応の検討

> 1）作業の流れ
> ・チームに状況共有，対応方針の議論→経営陣にて判断
> ・株主提案に伴う対応は，いつまでに，誰が，何をするのかの確定
> ・反対キャンペーンへの対応は，いつまでに，誰が，何をするのかの確定
>
> ※　フェーズⅢの段階では，C−①を含めて外部支援会社（多くがFAやLA）が今後の進行スケジュールや戦略案を提示し，都度チームで議論し，適宜経営陣／取締役会で判断しながら進めていく。そのため，具体的対応は戦略次第であるため記載は省略する。

　この図表4−6に示されるフェーズⅢ段階では，社内の中心部署とともに外部支援会社（多くが，FA（ファイナンシャル・アドバイザー）：証券会社やLA（リーガル・アドバイザー）：弁護士事務所）が全体の対応方針・戦略案を示しながらスケジュールも含めたプロジェクト全体をマネージし，IR/SRコンサルティング会社やPRコンサルティング会社とともに，それぞれの専門分野からの意見を出し合いながら方針や戦略，具体的な対応内容を協議し，適宜経営陣の判断を仰ぎながら進めていく。また，経営としての方向性や考え方を適宜取締役会に対して提示し，社外取締役を中心とした取締役会における議論も踏まえ，会社としての対応を決定していく。

4 アクティビストは説得されない

(1) 会社が説得すべき相手はその他の株主である

　アクティビストは，個別面談などにおいて必ずしも威圧的な態度や言動を取るとは限らない。むしろ，紳士的であったり好意的であったりする。実際に面談をした担当者は，良い関係性を構築できていたと思っていたのに突如株主提案を送ってきたのはなぜなのか（当方の説明が不足していたのだろうか）といった感想を持たれることが多い。しかし，紳士的な態度や言動はアクティビストの戦略であり，会社が真摯に説明したところで，株主提案を取り下げるといったことは期待できない。

　「アクティビストは説得されない」ことを前提として対抗戦略を練ることが有事におけるポイントである。目指すべきは，アクティビスト以外の株主に，

自社の経営戦略や方針を理解してもらい，自社の考え方に賛同してもらうことである。会社の説得によってアクティビストは主張を変えることはない，「会社が説得すべき相手はその他の株主である」との認識を持つことが有事対応のスタートとなる。

(2)　票読みの３つの区分

図表４－７は企業の株主を属性別に一覧している。会社に対して友好的な立場を取ることが期待される属性の株主（有事で味方になってくれる株主）は，事業法人（持ち合い事業会社・事業提携先）・金融機関（銀行・生保・損保）・個人（創業一族・会社従業員・関係者）である。当然，これらの中にも運用している資金の性質などから必ずしも会社支持になるとはいえない主体もあることは，留意が必要である。これら以外は，仮に定期的な対話をしている株主であっても，味方になってくれるとは限らない。

図表４－７　株主の属性

属　　性		一般的な保有の目的	一般的な会社への友好度
事業法人	持ち合い事業会社	政策保有	友好的
	事業提携先	政策保有	友好的
金融機関	証券会社	トレーディングの玉	－
	都銀・地銀・信金等	政策保有	友好的
	信託銀行	純投資	中立
		政策保有	友好的
	生保・損保	政策保有	友好的
外国人	外国個人	純投資	中立
	外国法人	純投資	中立
個人	創業一族，関係者	純投資？	友好的
	会社従業員，OB	純投資	友好的
	一般個人	純投資	中立

有事においては，この属性をさらに細分化して「野党・与党・中立」の区分で，いわゆる「票読み」を行う。

> - 野党（どのような議案であっても会社に反対）
> - 与党（どのような議案であっても会社に賛同）
> - 中立（上記以外）

　この区分作業は「保守的」に行うことが鉄則である。例えば，友好的な属性を持つ持ち合い事業会社であっても，その会社の担当者とは会ったことがない，昨年議決権行使をしていない，といった状況であれば，「与党」とはいえず「中立」として保守的に区分する。自信（根拠）を持って「与党」といえない「与党であろう」株主は「中立」で区分することを我々はお勧めしている。また，純投資株主で「中立」としている機関投資家であっても，ヘッジファンドは短期的な観点で売買・議決権行使の判断をする特性がある以上，「野党」に区分する。

⑶　中立区分の株主へのアプローチ

　票読みの結果，与党が50％超でない場合は，「中立」株主の「確実与党化」を目指したアプローチが必要となってくる。中立に区分した株主には，次のようなアプローチが考えられる。

①　事業法人
- 事業法人は政策的な観点から株式を保有しているため，基本的には会社に友好的である。そのため，議決権行使をする場合は，会社支持で行使することが期待できる。議決権行使を実施していないといった事業法人もあるなか，1票でも取りこぼしすることなく議決権行使をしてもらうことが重要となる。
- ABC社へのアプローチは○○さん担当，と具体的に担当割付する。招集通知の開示後，各担当者は，状況および議案説明を直接行い，会社支持となってもらい，確実に賛成票を投じてもらうことを目指す。

②　金融機関（純投資），外国法人（純投資）：いわゆる機関投資家株主
- 中長期的な視点で経営やガバナンスを評価するプロである。彼らが支持してくれるようなロジックで説明戦略を構築することが重要となる。

- 限られた時間の中，すべての機関投資家株主を対象とすることが難しいため，保有株式比率，議決権行使スタンス，過去の面談実績などを踏まえて，優先度付けを行う。
- 優先度に応じて，面談する自社の担当者（経営陣やIR責任者など）を検討する。
- 対面やオンラインを活用した直接的な対話を行う。懸念事項を確認した場合は，会社としていかに対応するかを検討し，支持を得るための戦略を練っていく。

③　個人（創業家・OB・関係者など）

- 企業に対するロイヤリティが高い。確実に議決権行使をしてもらうことが重要となってくる（過去からの経緯で会社に不満を持っていることを把握している場合は，別途対応方針を検討する必要がある）。
- 過去にやり取りがある場合は，XY氏へのアプローチは○○さん担当と具体的に担当割付する。
- 過去にやり取りがない場合は，手紙やはがきなどを活用して，会社の考え方を伝える。

④　個人（一般個人）

- 基本的には企業に対するロイヤリティが高く，議決権行使においても，会社支持で行使することが多いとされている。しかし，一般的な議決権行使率は4割程度であるため，行使をいかに促進するかが課題となる。
- 招集通知をくまなく読む機関投資家とは異なり，招集通知をすべて読み，理解を深めたうえで行使することは期待できず，誤って意図と異なる行使をしてしまうことも多々見られる。例えば，個人株主向けに説明と賛同お願いの電話掛けをした際，「あなたの言っていることはよくわかった。会社を支持したいので，すべての議案に賛成しておく」と言われることが多々ある。しかし，すべての議案には株主提案も含まれるため，結果として会社を支持しない行為となってしまう。
- 直接電話で説明できる個人株主については意向と異なる行使をすることを防

げるが，直接電話できない個人株主に対しては，招集通知をわかりやすく簡潔にまとめた説明資料を送付するなどの工夫が必要となってくる。

- 大前提として，直接電話掛けをすることができる個人株主の層を増やすことも重要な取り組みとなる。

繰り返しになるが，「アクティビストは説得されない。会社が説得すべき相手は『アクティビスト以外の株主』である」ことを念頭に置き，戦略を練る必要がある。

5 経営陣の関わり方

有事対応において，経営陣の関わりも重要である。経営陣の関与の有無が，有事株主総会における成功の可否につながるといっても過言ではない。ここでいう「成功」とは，株主提案議案の低い賛成率による否決である。否決されることが成功ではない。低い賛成率による否決であるほど，株主提案者であるアクティビストは，その他株主から賛同を得られなかったことになり，いうなれば，アクティビストの独りよがりの意見であったというメッセージになる。

逆に，高い賛成率を得たうえでの否決であった場合，一定程度の他株主の賛同を得た証となってしまい，アクティビストはそれを理由に，翌年の株主総会を見据えて企業に対する主張を強めてくる可能性がある。

株主提案議案を低い賛成率に留めるためのポイントは，フェーズⅡの目標で示したとおり「首尾一貫した対応」である。アクティビストの主張に対して，会社の考え方をブレることなく主張することで，他株主からの信頼を得て，会社賛同へと結び付けていく。会社の揺るぎない姿勢を貫くために欠かせないのは経営陣の関与である。

株主提案内容は，図表4－8のように，経営戦略や財務戦略関連，ガバナンス関連，開示関連など，経営判断が必要となるものばかりである。これらに対する会社の判断が下されたあと，事務局（当該企業の関連部署）と社外アドバイザーは，他株主への説明ストーリーを構築していく。

この判断を下すために社外アドバイザーとの議論に経営陣が参加する企業も

ある。FA（ファイナンシャル・アドバイザー），LA（リーガル・アドバイザー），IR/SRコンサルティング会社などが，それぞれの専門的な観点から意見を述べ議論をすることで，経営陣はリスクを把握し論点を整理したうえで判断を下すことができる。経営陣が議論に参加することにより，その判断は，事務局や社外アドバイザーから見ても当然理に適うものとなり，説明ストーリーの構築もスムーズに進めることができる。

　ストーリー構築後は，他株主に対して直接説明をする工程に入るが，その段階においても，これまでの議論の過程を理解しているからこそ訴えるべきポイントを把握でき，説明資料と口頭説明にブレが生じることもない。これによって，「首尾一貫した対応」が可能となる。

図表4-8　アクティビストによる提案の内容

経営戦略・財務戦略関連	ガバナンス関連
■資本効率の改善・財務レバレッジの活用	■社外取締役の選任
■配当金額の引き上げ・自社株買いの実施	■取締役の解任
■政策保有株式の売却	■機関設計の変更
■不稼動資産の売却	■取締役会の実効性評価と課題への取組み
■親子上場の見直し	■役員報酬制度の見直し，株式報酬の導入
■MBOの実施	**開示関連**
■事業戦略・事業ポートフォリオの見直し	■役員報酬の個別開示
■M＆Aの実施	■資本コストなど，重要なKPIの開示
■買収防衛策の廃止	■セグメント情報の開示
	■温暖化ガス排出量削減目標に関する開示

　筆者が支援した事例で，アクティビストから書簡が届いた段階で，経営陣，事務局，社外アドバイザーとで，定期的にミーティングを実施する方針をとった会社があり，必要に応じて経営トップも参加することもあった。従来から資本市場と継続的に対話してきた会社ということもあるが，ミーティングでの議論を踏まえた主張は他株主から納得の得られるものであり，結果的に株主提案に至ることなく，水面下で決着をつけることができた。その後，当該会社の株式を徐々に売却していき，自然と居なくなっていった。前述で定義した「成功」よりもはるか上の「大成功」の事例である。

6 取締役会の果たすべき役割

(1) 株主からの期待

　有事において，取締役会が果たすべき役割は大きく，また株主からの期待も非常に大きい。

　まず，株主からの期待について整理する。株主にとって，純投資の株主が「具体的な額を示して増配を提案する」，「事業売却など具体的な経営判断の提案をする」ことは，イレギュラーである。なぜならば，株主が取締役を選任し，その取締役会に経営の監督を任せる，というコーポレートガバナンスのベストプラクティスから外れているからである。そうした具体的な経営判断は，株主に選任された取締役により企業内の詳細な情報を踏まえて決定されるのが，本来株主が取締役会に期待する役割であり，外部の株主による判断には限界があると考えられている。つまり，それでもアクティビストが具体的な経営判断に踏み込んだ株主提案をするのは「取締役会が適切な経営の監督ができていない」という主張に他ならない。

　多くの日系機関投資家の議決権行使基準には，「3期連続で営業赤字の場合」や「3期連続で業績（ROE）基準を満たさない場合」など業績が期待値を下回っている場合に，「取締役や代表取締役の選任議案に反対する」という規定がある。現在は社内・社外を問わず一定期間以上在任している取締役全員を対象として反対行使をする規定が増えているが，歴史的には，経営トップ，代表取締役など，執行側の責任を問う規定として発達してきたといえる。

　一方で，海外の機関投資家にはこのような規定はあまり見られない。世界最大手の議決権行使アドバイザーであるISSも，日本基準においては「過去5期平均のROEが5％を下回りかつ改善傾向にない場合は経営トップ（通常，社長，会長を指す）である取締役」に反対推奨するとしているが，ISSの米国基準にこのような規定はない。

　その背景には，「業績不振の責任を経営トップなど執行に問うのは取締役会の仕事である」という考え方があり，それができていない場合には，社外取締

役を中心とした取締役会がその責任を問われるのである。具体的には，指名委員会を構成する社外取締役に反対行使がなされたりする。

　日本においては，過去，取締役会の独立性が低く，上記のような役割を取締役会に期待できなかったために，やむなく株主が直接的に執行のパフォーマンスを評価し，議決権行使の判断に反映するという手法がとられた。そして，その評価は定量的にならざるを得なかった。当時から，日本企業から「個別事情を斟酌せず，一括で議決権行使基準を適用してくるのは乱暴ではないか」という声が多く聞かれたが，「そうした望ましくない行使基準の運用を招いたのは，適切なコーポレートガバナンス体制を構築しなかった日本企業自身である」というのが機関投資家のロジックなのである。

　アクティビストによる株主提案の配当額が会社提案に比べて非常に大きく，「少し極端なのでは」と思われるような水準であることが多いのは，上記のような考え方が背景にあるためである。配当として120円が適切か，130円が適切かといわれても機関投資家を含む一般株主は困るのである。そうした微小な「判断の違い」ではなく，そもそもの「資本戦略」，「必要資本の考え方」，「投資計画も含めたキャピタルアロケーション」といった「大きな絵」が間違っている，というのがアクティビストの主張であり，それを示すための「水準感の全く異なる増配提案」なのである。

　したがって，こうしたアクティビストの主張に対して，企業側が反論すべきなのは，「配当水準の妥当性」だけではなく，「取締役会の実効性」である。「取締役会が適切に機能しており，一般株主からは見えない事業・経営の情報に基づき，適切な判断をしているのだから，安心して任せてくれて大丈夫だ」というメッセージを発することが非常に重要になる。

⑵　フェーズごとの取締役会の役割

　こうした観点を踏まえれば，前述のアクティビスト対応におけるフェーズ0からフェーズⅢにおいて，それぞれ取締役会が果たすべき役割も，おのずと明らかである。

① フェーズ0

　平時のフェーズ0においては，取締役会は株主の自社に対する評価（期待・懸念）を把握し，その観点を踏まえて，中長期的な経営の方向性，戦略を検証，議論し，執行をモニタリングすることが求められる。また，そのような役割を果たすに足る取締役会か，を同時に自己検証していることも重要である。取締役会評価などの機会を通じて，取締役会の構成，運営，委員会の状況，執行側の体制など幅広い観点で検証し，改善に取り組む必要がある。

② フェーズⅠ

　アクティビストが顕在化するフェーズⅠにおいては，アクティビストの着眼点はどこなのか，その点について，現状ありきではなく経営としての判断・対応を取る必要はないのか，および他の株主からの反応はどのように想定されるのかについて再度の検証を執行側に促すことが重要な役割といえる。また，取締役会の構成などコーポレートガバナンス体制面で攻撃されうる要素がないかも同時に自己検証する必要がある。この観点で，前述のようにアクティビストからのアプローチをIR部門などで止めずに，経営陣，取締役会で早期に共有していくことは非常に重要となる。

③ フェーズⅡ

　アクティビストから具体的な提案が提示されるフェーズⅡにおいては，フェーズⅠで検証した論点が，より絞られてくる。すでに検証していることを踏まえて，具体的な対応や開示，アクティビストへの反論に落とし込んでいくことになる。

④ フェーズⅢ

　株主提案など表立った有事となるフェーズⅢにおいては，取締役会として会社スタンスの最終判断をするとともに，株主への説明責任を果たすことが重要な役割となる。第2章の事例にもあったように，執行側は，「単なる事実誤認であり，その旨を提示すれば，詳細に説明する必要はない」といった考えや，「言わなくても業界や商慣習の常識に照らせば当然に，他の株主は我々を支持

してくれるはずだ」といった考え方に陥りがちである。説明すべき内容を，客観的な視点で検証し，後押しすることも，取締役会の重要な役割である。

　さらに，このフェーズにおいては，取締役会自身も株主への発信・対話を担うことが求められる。この点は次節に詳述するが，株主は「この取締役会はしっかり機能しているのか」を見ており，「社外取締役が，適切に株主の視点を持って監督に当たっているか」が重要な要素となる。

　ただし，これは必ずしも取締役会がアクティビストや株主と同じ視点で経営の責任を追及することを意味しない。例えば，「株主の視点・懸念は了解している。しかし，この会社においては××の要素を考慮する必要があり，執行側の判断を尊重したい。それが，中長期的な株主価値の向上に資すると社外取締役として判断している。ただし，取締役会として×××の観点については，実践を厳しくモニタリングする必要があると考えており，行っていく。」といった説明が求められる。

　これらをまとめると，有事における取締役会の重要な役割は以下であると考えられる。

- 株主提案内容と執行側の対応方針について，客観的な立場から検証する。
- アクティビスト以外の株主の自社に対する評価（期待・懸念）を把握し，株主共同の利益の観点から検証する。
- 株主への説明責任を果たせるよう，執行側へ説明・発信を促すとともに，自身も株主との対話を担う。
- 株主共同の利益を守るためのコーポレートガバナンス体制を構築し，その実効性を株主に対し発信する。

　こうした役割を適切に果たし，それを株主からも見えるようにしていくことが，有事対応において株主の信頼を獲得するために重要である。

7 社外取締役と投資家との対話

　社外取締役と投資家との対話は有事のみならず平時においても行われる。IR責任者でもなく，経営トップでもない，社外取締役という役職者との対話において，投資家は何を求めているのかを整理するために，まずは，平時における対話を見ていく。

(1) 平時における対話

　平時における社外取締役と投資家・株主の対話は，2021年に改訂されたコーポレートガバナンス・コードの基本原則5「株主との対話」において次のように記載されている。

> 　上場会社は，その持続的な成長と中長期的な企業価値の向上に資するため，株主総会の場以外においても，株主との間で建設的な対話を行うべきである。
>
> 　経営陣幹部・取締役（社外取締役を含む）は，こうした対話を通じて株主の声に耳を傾け，その関心・懸念に正当な関心を払うとともに，自らの経営方針を株主に分かりやすい形で明確に説明しその理解を得る努力を行い，株主を含むステークホルダーの立場に関するバランスのとれた理解と，そうした理解を踏まえた適切な対応に努めるべきである。

　実際に，企業側からも投資家側からも，社外取締役との面談が増えたとの声をよく聞く。では，社外取締役はどのような立場で投資家と対話することが期待されているのだろうか。

① 執行側よりも株主側の視点を強く持つ

　投資家は，社外取締役を「株主の代理として経営執行の監督を委託している立場」である役職者として対話を求めている。したがって，投資家は社外取締役に対して執行側の視点ではなく，株主側の視点を強く持つべき立場であると

考えている。ゆえに，社外取締役は，執行側の代弁者または擁護者として受け止められないようなスタンスで話すことに留意しなくてはならない。

　仮に，企業側の方針に対して投資家が批判的な意見を述べた場合，社外取締役はそれを論破することが役割ではなく，それらの意見は投資家側の懸念事項として念頭に置き，今後の取締役会における議論に反映することが期待されている。これは執行側が行うIR/SRとは大きく異なる点である。社外取締役は，企業側の方針や戦略の詳細を語ったり，それらについての自身の見解を述べたりする必要はなく，取締役会あるいは自身がどのような切り口で執行側が策定する方針や戦略に対して検証・議論をして監督機能を発揮しているかを中心に話すことが求められる。

②　監督機能を発揮するうえで重要なポイントについて自身の見解を述べる

　一方で，社外取締役が自身の見解を述べられるよう用意をしなくてはならないことがある。それは，監督機能を発揮するうえで重要なポイントとなる点についてである。例えば，会社を取り巻く環境の見通し，経営の方向性，リスク，資本政策，執行側の体制整備と運用のモニタリングなどである。

③　コーポレートガバナンスの在り方について見解を述べる

　また，コーポレートガバナンスの在り方については，会社・取締役会として公式な見解が整理されているべきである。例えば，機関設計，取締役会の役割や構成と運営，委員会の役割や構成と運営などである。これらについては，普段の議論や取締役会評価などの機会を通じて，取締役会としてコーポレートガバナンスの在り方を議論できているかが重要となる。

　いずれにせよ，社外取締役は，株主側の「代弁者」，あるいは執行と株主の間の対話を促す「仲介者」であることを認識したうえで対話をするとよいだろう。

⑵　有事における対話

さて，次に有事における社外取締役との対話についてである。対話の相手が
アクティビストである場合の留意点は以下の3つである。

①　アクティビストが社外取締役と対話することの目的を意識する
- 執行側から聞いている内容との齟齬を探ることを目的とする
  ⇒齟齬があれば攻撃材料とする
- 社外取締役が，株主の「代弁者」，執行と株主の間の対話を促す「仲介者」
  としての役割を果たしていることを確認することを目的とする
  ⇒果たしていなければ，コーポレートガバナンスの不備，あるいは社外取
  　締役の不適任を攻撃材料とする
- 社外取締役が，当該企業の社外取締役にふさわしい知見・経験を有してい
  るかを確認することを目的とする
  ⇒有していなければ，社外取締役の不適任を攻撃材料とする

②　アクティビストは「説得されない」ことを認識する
- 説明を尽くすことで，アクティビストからの攻撃を避けられるものではな
  い。
- 説明を尽くすことは，「攻撃材料」を増やすことにつながる可能性を意識
  する。
- アクティビストに丁寧に対応する理由は，アクティビスト側の意向を把握
  すること，資本市場と対話する姿勢の欠如を批判されないようにすること
  である。

③　株主側の「代弁者」あるいは執行と株主の間の対話を促す「仲介者」
  であることを，より強く認識する
- アクティビストからの指摘に対して，すべて「反論」する必要はない。
- 受け止めて，取締役会の議論に反映させるというスタンスでよい。

　有事における社外取締役と投資家（アクティビストではない）との対話については，「(1)　平時における対話」で述べたことと変わりはない。ただし，投資家のアクティビストの主張に対する見方は，決してネガティブなものばかりではない点は留意されたい。投資家は，「企業価値を最大化できていない企業に対して最大化を要求するような，理に適った株主提案なら賛成する」，「マネジメントに健全なプレッシャーがかかることに対し，ポジティブなインパクトを感じている」，「外部から見た自社のありさまを平時から把握しておけば，アクティビストには付け込まれないだろう」といった見解を述べている。

　有事において，会社側の味方にしなくてはならない「他株主」のスタンスを理解したうえで，社外取締役と投資家の対話を進めていく必要がある。

Column

ある社外取締役の本音

　2015年のコーポレートガバナンス・コード策定以降，日本企業の社外取締役の人数，比率は大きく増大するとともに，求められる役割・責務も増大してきた。さらに，スチュワードシップ・コードおよびコーポレートガバナンス・コードのフォローアップ会議が提示した「投資家と企業の対話ガイドライン」や，経産省が提示した「CGSガイドライン」において，社外取締役は株主・投資家との対話を充実させるべきとされた。では，社外取締役はどのようなスタンスで対話に臨むべきなのかについては，機関投資家からは以下のような声が聞かれる。

- 社外取締役は，「株主の付託を受け，経営の監督をする立場」である。
- 社外取締役は，企業側の「発信者」ではなく，株主側の「代弁者」あるいは経営と株主の間の対話を促す「仲介者」である。

　投資家は，社外取締役に対して「執行側ではなく，株主側の視点を強く持つべき立場である」ことを求めているため，執行側の代弁者または擁護者と受け止められないスタンスでいる必要がある。例えば，企業側の方針に対して株主が批判的意見を述べた場合，社外取締役の役割はそれを論破することではない。社外取締役は，株主の懸念を念頭に置いて，今後の取締役会における議論に反映することを期待されている。

　しかし，これを実践することは結構難しい，悩ましい，と話す社外取締役は多い。例えば，ある社外取締役は投資家との面談で話す内容について執行側から詳細な振付があり，細かな想定QAまで用意されていた。執行側の社外取締役というものへの理解・意識がまだまだそのレベルだということではあるが，ではそれを全否定して，自分は社外取締役として好きにやると主張することが適切かは疑問だ，という。まだまだ監督機関としての取締役会の役割が確立されておらず，社内の常識や論理が前面に出た資料・説明を前に，日々少しでも社外取締役としての責務を果たそうとしている。「私は社外取締役だぞ，株主の代理人だぞ」と立場を振りかざしても，株主 vs. 経営陣・執行の対立構造が生まれ，経営陣・執行が殻に籠るだけで，株主価値向上にはつながらないだろう。かくして，多くの社外取締役が，株主と経営陣の板挟みとなりつつ，現実的な対応を積み重ねた先に，今の株主には批判されたとしても中長期的な株主の価値には資することだろう，と考えているのである。

第5章

アクティビストに負けない・狙われないために

　本章では，平時からのIR活動およびSR活動を主体的かつ戦略的に行うことが，アクティビストからの最大の防御となることを論じる。

1　日頃のIR活動のポイント

　そもそもIR（Investor Relations）は何を目的に行う活動なのか。それは，企業経営にとって望ましい株主層を構築するための活動である。望ましい株主とは，経営を支持し長期で株式を保有してくれる株主であり，「望ましい株主層」を増やすために主体的かつ戦略的に行う活動がIRである。

　筆者は，「IRの効率性・成果を上げるための6要素」をベースにIR戦略を練ることをお勧めしている（図表5-1）。

　「IR」というとまず頭に浮かぶのは対話などの「コミュニケーション」である。しかし，IR活動を戦略的に行うのであれば，誰に何を伝えるのかを入念に議論する必要がある。その議論において起点となるのが，実質株主を把握する「株主判明調査」であり，株主の「パーセプション（評価や懸念）」の把握である。

　株主の評価や懸念が会社と同じであれば，従来と同じアプローチ対象やメッセージ発信でよいだろう。異なるのであれば，従来とは違う手法でターゲティングを行い，アプローチ対象を選定し直す必要がある。アプローチ対象が変わればメッセージも変わってくるため，メッセージを再構築する必要も出てくる。

　これらの工程を踏まえて，ようやくコミュニケーションという段階になるが，

図表5－1　IRの効率性・成果を上げるための6要素

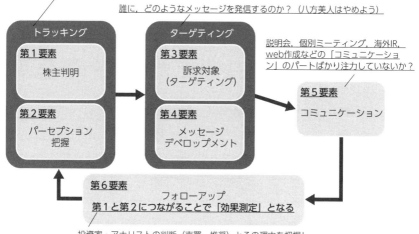

「やりっぱなし」にならないよう「フォローアップ」も重要である。具体的に必要となるのは，経営陣や取締役会への報告である。投資家の懸念がIRだけでは解決できないことについては経営として議論してもらうことが重要となってくる。

　これらを1年間通して実施し，その結果を検証して，次年度のIR戦略の構築に役立てる――このサイクルを回していくことが，IRの効率性と成果を上げ，ひいては，アクティビストに負けない・狙われない株主構成になっていくと考えられる。

(1)　ターゲティング

　「企業は株主を選べない。短期／中長期運用を問わず，取材依頼が来たすべての投資家に会っている」とIR担当者から聞くことは少なくない。面談依頼が来たすべての投資家に会うという方針を否定するつもりはない。ただし，これを戦略的に行っているかどうかが論点となる。

　投資家にはいろいろなタイプがある。運用資金（年金資金／個人の余剰資金など）や運用スタイル（バリュー運用／グロース運用／インデックス運用／イ

ベントドリブンなど）が異なれば，投資判断も異なってくる。企業は，自社が成長期にあるのか，成熟期にあるのかなど経営ステージに合わせて，どのような投資家を株主にしたいかを真剣に考えなければならない。短期投資家（ヘッジファンド等）と面談するにしても，「出来高を増やすため」，「バリュエーションを短期的に高めるため」と目的を持って面談するのと，取材依頼が来たから面談するというのとでは大きく意味合いが異なってくる。

　どのような投資家を株主にしたいか。直近3年間（例えば中期経営計画期間），向こう10年間（例えば長期ビジョン期間）など時間を軸にバックキャスティングで考えてもよいだろう。または，売上規模○兆円になった時など事業規模を軸にバックキャスティングで考えるのも1つの方法である。いずれにせよ，ターゲティングは企業の考え方によってさまざまであり，正解があるわけではない。ただ，アクティビストに負けない・狙われないことを目的としたターゲティングであるのならば，会社側に賛同してくれるよう説得できる余地のある株主，換言すれば中長期運用でアクティブ運用の機関投資家株主といった層を拡大させることが目指す姿となるのではないか。これらの株主層が厚いことは，有事において大きな力となる。

　自社にとって「望ましい株主層」とはどういうものかを議論したうえで，その「望ましい株主層」を地道に構築していくことが日頃のIR活動で求められる。

(2)　メッセージの構築

　「中期経営計画の説明をしたのに，投資家は足元の数字にしか興味を示さない。」とIR担当者からよく聞く。この背景には投資家側の短期的思考などの問題があるだろう。しかし，企業側にも問題はないだろうか。

　投資家が足元の数字を気にするのは中期的な経営に不安があることの裏返しであり，自社株買いや配当ばかりに話が及ぶのは，成長戦略がストーリーをもって伝えられていないからであるとも考えられる。

　「経営理念と長期ビジョン，中期経営計画と直近の取り組みはわかる。しかし，長期ビジョンと中期経営計画のつながりがわからない」というのは投資家からよく聞くコメントである。図表5-2を見ていただきたい。自社のメッセージはしっかりとした1つの「矢印」になっているべきであり，途中で切れ

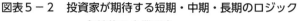

図表5－2　投資家が期待する短期・中期・長期のロジック

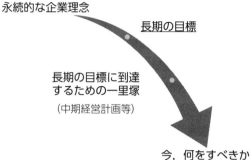

永続的な企業理念

長期の目標

長期の目標に到達
するための一里塚
（中期経営計画等）

今，何をすべきか

てつながりが見えないということがあってはならない。

　投資家が長期ビジョンや経営計画に求めるメッセージは，次のようにまとめられる。

- どのような優位性があるのか
  ⇨他社との明確な違い・業界環境や市場動向を踏まえたうえでの自社の
  ポジショニング
- どうやって成長するのか
  ⇨会社が何を考え，どこを目指しているか，長期的な企業価値向上をど
  う実現させるか
- なぜ利益を上げられるのか
  ⇨キャッシュの使い方・ROEやROICなどの指標をもって行動しているか
- 短期的・長期的リスクは何か
  ⇨何にフォーカスして事業を進めていくか
- それらを解決できる能力が経営者にあるのか
  ⇨経営者は自信を持っているか

　企業が常に中長期的なメッセージを発信することで，中長期的に企業を評価
する投資家の関心が高まり，中長期的な視点で保有する株主が多くなる。逆に
いうと，短期的な観点で投資判断をするヘッジファンドやアクティビストに

とっては面白くない銘柄になる。結果的に，アクティビストに負けない・狙われない株主構成になっていく。

　補足だが，仮に足元の数字や事業進捗などの質問を投資家から受けた場合であっても，質問に対する回答はしつつ最後は中長期的な観点で話を終える，といった対話をするとよい。

⑶　コミュニケーションとフォローアップ

　経営トップが登壇しているにもかかわらず，経営戦略について質問する投資家は少ない——多くの決算説明会で見られる光景である。説明会で発言するのは基本的にセルサイド（証券会社）アナリストで，投資家が発言することは少ないという実状もあるのだが，企業側においてはパターン化した「決算説明会」や「経営戦略説明会」，あるいはルーティン化した「個別面談」，開催自体が目的の「スモールミーティング」になっていないだろうか。

　何を目的にそのIRイベントを開催するのかを明確にせず，ただ漠然と開催していては，主体的かつ戦略的なIR活動とはいえない。新中期経営計画であれば経営トップが達成確度を高めるべく自信を持ってプレゼンテーションをするべきであり，注力事業の説明であればその事業トップが理解を深め注目を高めるべく具体的な事例を交えてプレゼンテーションするべきである。誰が何を伝えるのかはIR戦略において重要なポイントになる。

　また，IR部門としては，経営陣と投資家が有意義な議論ができるよう，事前に双方に対して，知識や情報を伝えておく段取りが求められる。経営陣に対してはどういった投資家であるのか，関心事は何か，資本市場で議論されていることは何かなどの情報であり，投資家に対しては中期経営計画や事業戦略といった基礎知識などである。経営陣が出席するスモールミーティングで細かな足元の数字についての質問が出るようでは，IR部門は仕事を怠っているといわれても仕方がない。

　なお，有事案件を支援する企業において時々耳にするのが，「所詮，投資家は配当が高ければよい」という経営陣の発言である。アクティビストに対してではなく，企業が味方にすべき投資家株主，本来であれば「望ましい株主層」の投資家に対してである。「所詮，投資家はガイドラインどおりにしか議決権

行使をしない」といった，どうせ言ってもわからないという文脈で使われている。これには2つの理由が考えられる。

① 投資家の整理ができていない

　投資家にはさまざまなタイプがあることは前述のとおりである。外国人投資家というだけでアクティビストと捉える経営陣や，アクティブ運用とアクティビストを混合して捉えている経営陣も少なくない。例えば，短期的な視点で投資判断をする投資家は，当然短期的な観点での質問となる。グロース運用投資家であれば成長性が，バリュー運用投資家であれば株主還元が議論の中心となることは想定できる。面談する投資家のタイプを事前に整理し，経営陣に伝えることで論点を想像することができ，面談は格段と有意義なものになる。投資家のタイプによって企業側のスピーカーを戦略的に変えることは，IR部門の重要な仕事である。

② 経営とIRに距離がある

　IR担当者は，IR活動を通して得た投資家からの考え方や評価，懸念をどのように経営陣に伝えているだろうか。経営に対する苦言をそのまま伝えると経営陣が投資家に対して反発しかねないため，意図は変えないまでもニュアンスを変えて報告している，という企業もある。経営に対する苦言であってもそのまま経営陣に伝えることで経営に変化を促す，という企業もある。どちらの手法であれ，大事なことは資本市場の声を経営に「うまく」届けることである。経営陣が投資家のことを疎ましく思うようになってしまっては，元も子もない。経営陣に投資家の意見を伝える時には「評価2つ，苦言1つ」というように耳を傾けてもらえるような空気を醸成することを常に心掛けていると，あるベテランIRオフィサーは言っておられた。自社の経営陣のタイプを踏まえて，どのように資本市場の声を届けるのかは，IR部門の腕の見せ所である。

2 コーポレートガバナンスの議論の動向（社外取締役比率，議長・委員長の独立性，スキルマトリクス，取締役会評価など）

　これまでに見てきたとおり，アクティビストからの提案内容にはコーポレー

トガバナンスの体制，取り組みに関連するものが非常に多い。こうした提案に対して有効に反論するためには，広く資本市場においてこれらの論点に対してどのような議論がなされ，企業に何が求められているのかを把握することが重要である。ここでは，主に株主提案で論点となっている各事項について，直近での議論の動向を概観する。こうした情報をもとに，平常時から対応する，あるいは説明をしておくことが，そもそもアクティビストを寄せ付けない防衛策にもなる。

(1)　社外取締役の人数・比率

　2015年のコーポレートガバナンス・コードにおいて，望ましい社外取締役の人数・比率は，以下のように記載されている。

> 　独立社外取締役は会社の持続的な成長と中長期的な企業価値の向上に寄与するように役割・責務を果たすべきであり，上場会社はそのような資質を十分に備えた独立社外取締役を少なくとも2名以上選任すべきである。また，業種・規模・事業特性・機関設計・会社をとりまく環境等を総合的に勘案して，自主的な判断により，少なくとも3分の1以上の独立社外取締役を選任することが必要と考える上場会社は，上記にかかわらず，そのための取組み方針を開示すべきである。

そして，2021年のコード改訂により以下のように記載が変更されている。

> 　独立社外取締役は会社の持続的な成長と中長期的な企業価値の向上に寄与するように役割・責務を果たすべきであり，プライム市場上場会社はそのような資質を十分に備えた独立社外取締役を少なくとも3分の1（その他の市場の上場会社においては2名）以上選任すべきである。また，上記にかかわらず，業種・規模・事業特性・機関設計・会社をとりまく環境等を総合的に勘案して，過半数の独立社外取締役を選任することが必要と考えるプライム市場上場会社（その他の市場の上場会社においては少なくとも3分の1以上の独立社外取締役を選任することが必要と考える上場会社）は，十分な人数の独立社外取締役を選任すべきである。

　このように，求められる社外取締役の人数・比率は，２名以上から，プライム市場においては３分の１以上に引き上げられ，また，必要と考える企業においては過半数も視野に入れることが示唆されるようになった。コードにおける要請水準は，企業における実際の選任状況や機関投資家の議決権行使基準において求められる水準の推移とも平仄を合わせてきており，2015年には大部分の機関投資家が「２名以上」と規定していた議決権行使基準が，現在では「３分の１以上」に置き換わっている。JPモルガン・アセットマネジメントは，2023年６月時点ですでに過半を求めており，今後他の機関投資家においてもその方向性が想定される。

　こうした観点から，少なくとも，３分の１以上という水準を満たしていない企業においては，追加的な社外取締役の選任議案が株主から提案された場合，多くの機関投資家は反対票を投じる理由がないとの判断になるだろう。これは，その社外取締役候補者のスキルや資質について論じる以前の問題であり，企業側がそれらを理由に反対行使をするよう機関投資家を説得することは非常に困難となる。

　一方で，３分の１を超えて，より多くの社外取締役を求める，という株主提案に対する機関投資家の反応はどうなるだろうか。その考え方を示す事例が，2023年６月総会において複数企業に対して提案された社外取締役を過半数とすることを求める定款変更議案である。

　ニッポン・アクティブ・バリュー・ファンドおよびダルトン・インベストメンツが，14社に対して同様の株主提案をしており，例えば，過半数とすることで，資本効率を上げ，株主還元を図り，当社の持続的な成長と中長期的な企業価値向上に寄与するガバナンス体制を整えることができる，などの提案理由を述べている。これに対して，すでに議決権行使基準で過半数を求めている投資家は，反対する理由なしと判断して提案に賛成した一方で，多くの投資家は，将来的には過半数が望ましいものの，急激な人数・比率の向上，定款による強制力が実効性につながるかは疑問であると判断し，提案に反対した。

　このように，社外取締役の人数・比率を高めていく方向性が機関投資家においては共有されているものの，現時点ではやみくもに増やすことだけが求められているわけではない。本来，社外取締役の比率と取締役会の役割・機能や実

効性は密接にかかわる事項であり，相互に補完的・段階的に改善を行っていくことが重要であるという観点が必要と考えられる。

(2)　取締役会議長の独立性

2023年6月の株主総会において，ストラテジック・キャピタルが文化シャッター社に対して，取締役会議長を社外取締役とする定款変更議案を提案した。「議長を誰が務めるべきか」という問題は，「議長の役割として何を求めるか」ということと密接にかかわっている。単なる当日の進行役であるならば，誰がやっても大きな違いはないかもしれないが，機関投資家はより多くの役割を議長に対して求めており，それゆえに誰が議長を務めるかが大きな論点となっている。

議長に求められる役割は，例えば英国のコーポレートガバナンス・コードや，International Corporate Governance Network（ICGN，機関投資家を中心としたコーポレートガバナンスに関する国際的なネットワーク組織）が策定しているCorporate Governance Principlesにおいて規定されている内容を参照すると，おおむね以下のようにまとめられる。

- 取締役会の議長は独立であるべきで，CEOとは分離されているべきである。
- 議長は，取締役会のリーダーシップとその効果的な運営に責任を負う。
- 議長は，適切な議題の設定や，戦略的な問題を十分に議論する時間の確保に責任がある。
- 議長は，社内・社外の取締役の貢献を促し，オープンで建設的な議論の文化を確保する責任がある。
- 議長は，取締役会に適切な情報が提供されることに責任がある。
- 議長は，株主とのコミュニケーションに責任がある。

社外取締役が議長を務める場合，こうした責任を遂行できるように議長自身のスキルおよび時間のコミットメント，事務局などの支援体制等を整えたうえでなければ，形式ばかりの就任であると株主から指摘される可能性もある。

逆に，自社においては社外取締役が議長を務める必要はなく社内取締役が務めることが適切であることを主に説明したい場合には，社内の事情に精通している社内取締役が議長を務めることのメリットだけでなく，上記のような役割を社外取締役が果たすことで期待される効果をどのようにして代替するのか，といった観点が必要となる。

(3) 取締役会のスキルマトリクスとサステナビリティ

社外取締役の選任議案が株主提案として出されることは多く，その場合，どのようなスキル，資質，バックグラウンドを持った社外取締役がその企業の取締役会に必要なのかが大きな論点となる。また，2020年以降増加している気候変動関連の株主提案のように，サステナビリティにフォーカスしたアクティビストの活動も活発である。

2021年に改訂されたコーポレートガバナンス・コードでは，「経営戦略に照らして取締役会が備えるべきスキル（知識・経験・能力）と，各取締役のスキルとの対応関係の公表」が求められるようになった。同時に，サステナビリティをめぐる課題への取り組みが重要なポイントとして取り上げられた。こうした中で，スキルマトリクスを作成し，サステナビリティや環境・社会といったスキルを設定する企業の取り組みが増加してきた。こうしたスキルマトリクスの策定において企業が留意すべき点や，機関投資家からどのように受け止められるのかについて，事例を交えて見ていく。

事例 1 ....

ある企業では，取締役会評価を通じて取締役会のあるべき構成が議論され，サステナビリティの専門家は必要かについても重要な論点の1つであった。

その企業は，事業運営が周辺環境に与える影響が大きく，環境技術や地域社会とのコミュニケーションが，安定的な事業運営上不可欠な要素として常に経営戦略の根幹となってきた。また，投資回収の期間が長く，長期の視点が必要とされてきた。

そうした今でいうサステナビリティの取り組みが，意思決定プロセス，風土に至るまで深く根付いており，今後もそれが経営理念・事業戦略の根幹である

ことが，まず取締役会評価の中で再確認された。そのうえで取締役会構成の議論を進めたことで，改めてサステナビリティの専門家を社外取締役とする必要はないとの意見が多くの社内・社外取締役から聞かれた。むしろ，サステナビリティも含む長期的経営の観点での監督が可能な経営経験者こそが必要であるとの意見であった。企業の価値基盤に立ち返って中長期的経営の視点で取締役会の役割・機能を考えることで，自社に本当に必要な取締役会の構成を議論できた事例といえる。

事例2

　ある企業では，スキルマトリクスの作成を行い，サステナビリティをスキルとして設定したところ，すべての取締役が当てはまるともいえるし，当てはまらないともいえる，という悩みを抱えていた。同様の悩みは，比較的多くの企業において共有されるのではないだろうか。

　サステナビリティは非常に幅広い概念である。例えばサステナビリティ報告書のガイドラインであるGRIスタンダードで見ても，サステナビリティにかかわる事項は水，生物多様性，大気への排出などの環境関連，雇用，ダイバーシティ，顧客の安全衛生などの社会関連，経済パフォーマンス，調達慣行，腐敗防止などの経済関連など，多岐にわたる。これらすべてを網羅する人材などいるわけがないという意味ではほとんどの人が「当てはまらない」し，一方で，個々の項目にフォーカスすればほとんどの人がどれかしらには「当てはまる」といえる。

　ここで，スキルマトリクスの本来の目的を考え直してみたい。スキルマトリクスは，現在の取締役会の構成を「図示」することが目的ではなく，企業の中長期的な方向性を踏まえて取締役会の構成を検討し，必要なスキルを洗い出し，現状においてそれを満たしているかを検証するためのツールである。

　また，その開示は，株主・投資家が「企業が何を目指し，それに必要なスキルとは何か」と考えて，「実際にそのような人材がいるのか」を確認し，企業と対話をするためのものである。例えば，その企業にとって重要なサステナビリティの要素が「労使関係」や「雇用」であるのに，「生物多様性」の専門家を連れてきて「サステナビリティのスキルがあります」と提示しても，株主・

投資家からは「意味のないスキルマトリクスである」と受け止められ、評価は得られないだろう。

　上記の企業では、取締役会評価にあたって「自社の中長期的な戦略において重要なサステナビリティの要素とは何か」を改めて議論した。そのうえで、現在の取締役会の構成ではなく、今後直面する経営課題に対応していくための取締役会にはどのような知見や専門性、経験を有する取締役が必要か、という議論を深めることができた。

　以上紹介した事例は、いずれもサステナビリティという言葉の表層に惑わされず、自社の中長期的な方向性・戦略との整合性という観点で今後の取締役会の構成を議論できた事例といえる。アクティビストからの社外取締役の選任提案に際しても、こうした議論を経たスキルマトリクスであれば、多くの機関投資家から「企業側は十分に検討のうえで取締役会を構成しており、追加的な社外取締役選任の必要性は低い」との評価を得られる可能性が高まるといえる。

③ IRとSRのインテグレーション

　IR（Investor Relations）とSR（Shareholder Relations）を異なる活動であると認識されている読者もいるかもしれない。実際に、異なる部署が担当している企業の事例は多い。

　筆者の認識では、IRは望ましい株主層を構築する活動であり、SRは（IR活動によって構築された）株主との信頼関係を強化する活動である。言葉を変えると、IRが新規株主の獲得と既存株主の買い増しを目指す活動であり、SRは既存株主の継続的保有を目指す活動である。したがって、IRとSRは共通点が多く、広義では同じ活動である。

　IRが属する部門は、対外的な情報発信という意味で広報部門であったり、数字を伴う説明が求められるため経営部門であったり、経営戦略について説明するために経営企画部門であったりする。一方、SRが属する部門は、株主対応という意味で総務部門であったり、株主総会という法的な要素もあるため法務部門であったりもする。

部門が異なっても互いに連携しながら活動している企業も多いが，IR部門およびSR部門から次のような声が聞かれる企業も中にはある。

　「IR部門は年間○件機関投資家と面談することを目標にしている。そのため，ヘッジファンドとも積極的に面談をしている。我々SR部門は，それによって形成された株主に対して議決権行使を促していかなくてはならない。こちらの苦労もわかってほしい。」

　「SR部門は株主総会議案の賛成率が高くなることを目標にしている。議決権行使ガイドラインに抵触さえしなければ，機関投資家株主が懸念を示したとしても，問題なしとなる。我々IR部門は，機関投資家株主が対話で示した経営に対する懸念も重要な情報であり，それらを踏まえて当社としての課題感を資本市場に伝えることが重要となってくる。感度が低いのは困る。」

IRの対話でテーマとなるのは事業戦略，業績状況，資本市場の関心事などが多い。一方で，SRの対話でテーマとなるのはコーポレートガバナンス（取締役会，いわゆるESGのG），気候変動や人材戦略など（いわゆるESGのES），株主総会議案といったものである。IRとSRとでは，確かにテーマは異なる。しかし，企業を車にたとえるならば，経営とガバナンスは両論であり，この両輪があるからこそ，企業はどのような道であっても，どのような環境下においても，企業価値向上という終わりのないゴールに向けて進んでいけるのである。企業の成長戦略を進めるとともに信頼性の高いガバナンスをベースに，資本市場で評価を得ていく活動がIRとSRである。

　前述のとおり，IRとSRは広義では同じ活動であると筆者は考える。IRもSRも目指す姿は，図表5－3にある「未来のIR」であると考えられる。これは，全米IR協会（通称NIRI）が2019年に発行した "National Investment Relations Institute" からの抜粋である。NIRIは，現在のIRが岐路に立っていると主張している。「現在の典型的なIR」と同じ機能としてのIR（SR）を続けることで存在感が低いIR（SR）部署となるか，それとも，企業の社会的価値を向上させ，ステークホルダーから信頼される戦略アドバイザー機能を持つプロフェッショナルなIR（SR）部署となるかを問いかけている。

　未来のIR，企業によってはすでに現在のIRであるかもしれないが，これが，

IRとSRがインテグレーションした姿であるように筆者には思われる。

図表5-3　未来のIR

TODAY'S TYPICAL IR FOCUS 現在の典型的なIR	FUTURE IR FOCUS 未来のIR
Tactical and transactional 戦術的・業務的	Strategic 戦略的
Information reporters 情報伝達	Scanners, interpolators and synthesizers スキャナー，補間器，シンセサイザー
Relationship manager リレイションシップ・マネージャー	Trusted advisor 信頼できるアドバイザー
Communicator of company reputation and brand 企業の信望とブランドのコミュニケーター	Driver of business and social value ビジネスと社会的価値向上の推進者
Go-between （経営陣と資本市場の）間を行き来する	Equivalent to speaking with C-suite 経営陣と同等に話をする
Shareholder liaison 株主とのつなぎ役	Stakeholder educator ステークホルダーを啓発する者
Source for business performance data 業績動向の情報源	Master interpreter of critical business metrics 重要なビジネス指標の主要な解説者
Early warning system 早期警報システム	Ethical advisor invoking accountability 説明責任を発動する倫理アドバイザー

（出所）　全米IR協会（National Investor Relations Institute）発行のIR UPDATE（FALL 2019）
　　　　より抜粋，和訳は筆者にて記載

■参考文献

【第1章】

- 木村祐基『機関投資家のエンゲージメントをめぐる課題と展望』「インベスター・リレーションズ」2019年13巻1号
- 鈴木裕「アクティビストの道具としての株主提案　上場会社にとって手強い相手となったアクティビスト・ファンド」大和総研
- "Climate Impact Pledge：Expanding our scope in 2023" Legal and General Investment Management：2023
- 岩田宜子／鈴木紀子「議決権行使結果の分析と機関投資家への対応のポイント」（商事法務2294号，2022年）

【第2章④】

- 芝浦機械HP
- 『東芝機械vs村上ファンド，大詰め攻防のゆくえ　坂元社長「総会で3分の2以上をとり圧勝する」』（東洋経済オンライン　2020/03/24）

【第2章⑤】

- セブン＆アイ　HP
- Valueact Capital HP　https://valueact.com/（検索日2023年10月23日）
- 『バリューアクト責任者が激白　セブン＆アイ株は「目標達成まで保有」』（日経ビジネスオンライン　2023.5.17）

【第2章⑥】

- Danone HP　https://www.danone.com/（検索日2023年10月23日）
- ダノンジャパン HP　https://www.danone.co.jp/（検索日2023年10月23日）
- Bluebelle Capital HP　https://www.bluebellcp.com/（検索日2023年10月23日）
- 高山与志子「環境・社会の課題に対する企業の取組みと投資家との対話」（商事法務2268号，2021年）
- 酒井耕一「仏ダノン，パーパス経営のCEOを解任」（日経ESG　2021.05.19）

【第2章⑦】

- ExxonMobil HP　https://corporate.exxonmobil.com（検索日2023年10月23日）
- Engine No.1 HP　https://engine1.com/（検索日2023年10月23日）
- 同キャンペーンサイト　"Reenergize Exxon" https://reenergizexom.com/（検索日2023年10月23日）
- 近澤諒「エクソン・モービルにおけるESGアクティビズムとその教訓」（商事法務2265号，2021年）
- 『「物言う株主と再び連携も」米エクソン総会の「黒子」に聞く　役員選び・集票にも関与』（Foresight オンライン　2021.7.3）

- ジェイ ユーラス アイアール（編集），香田温子共著『機関投資家対応 IR・株主総会マニュアル』（共著，中央経済社，2007年）
- 高山与志子「環境・社会の課題に対する企業の取組みと投資家との対話」（商事法務2268号，2021年）

【第3章】
- 秋場大輔『決戦！株主総会 ドキュメントLIXIL死闘の8カ月』（文藝春秋，2022年）

【第4章】
- 高山与志子「取締役会評価とコーポレート・ガバナンス ―形式から実効性の時代へ―」（商事法務2043号，2014年）
- 高山与志子／宮地真紀子「サステナビリティ経営と取締役会」〔上〕〔下〕（商事法務2267号，2268号，2021年）
- 高山与志子「取締役会の構成に対する考え方 ―取締役会の実効性向上に向けて―」（商事法務2270号，2021年）
- 高山与志子「独立社外取締役の機能強化とそれを支える仕組み」（証券アナリストジャーナル2022年4月号）
- 高山与志子／宮地真紀子「取締役会の実効性と社外取締役に対する評価の考え方」（商事法務2342号，2023年）

【第5章】
- 岩田宜子「海外IR・SRの近時の状況と展開」（商事法務資料版No.477）
- 鈴木紀子／原山真紀「コロナ下の事例で考える期中に業績予想を修正する際の留意事項」（旬刊経理情報1601号，2021年）
- 「IR UPDATE（FALL 2019）」全米IR協会（National Investor Relations Institute）

【執筆担当】

章	項	題	執筆者
1		アクティビストとは	鈴木紀子
2		アクティビストの活動事例 －企業・アクティビスト・投資家それぞれの「言い分」－	
	①	アルプス・アルパインの経営統合にみる親子上場問題の事例	宮地真紀子
	②	シルチェスターによる地方銀行四行への増配提案	宮地真紀子
	③	事業戦略と取締役会のスキルマトリクス（JR九州の事例）	宮地真紀子
	④	企業価値向上策の有無が争点となった東芝機械（現・芝浦機械）の事例	鈴木紀子
	⑤	企業価値向上策の優劣を争ったセブン&アイ・ホールディングスの事例	鈴木紀子
	⑥	長期的利益と短期的利益のバランスを求められた海外の事例（ダノン）	鈴木紀子
	⑦	スキルマトリクスが争点となった海外の事例（エクソン・モービル）	鈴木紀子
	⑧	日本における環境関連の株主提案（東洋製罐の事例，環境NGOの事例）	宮地真紀子
3		アクティビストに対する論点の変遷と資本市場の動向	宮地真紀子
4		アクティビスト対応における具体的な施策	
	①	アクティビストのアプローチパターン	原山真紀
	②	アクティビストに狙われたときに避けるべきこと	原山真紀
	③	アクティビスト対応の流れ－コンティンジェンシープランの進め方	原山真紀
	④	アクティビストは説得されない	原山真紀
	⑤	経営陣の関わり方	原山真紀
	⑥	取締役会の果たすべき役割	宮地真紀子
	⑦	社外取締役と投資家との対話	宮地真紀子
5		アクティビストに負けない・狙われないために	
	①	日頃のIR活動のポイント	原山真紀
	②	コーポレートガバナンスの議論の動向（社外取締役比率，議長・委員長の独立性，スキルマトリクス，取締役会評価など）	宮地真紀子
	③	IRとSRのインテグレーション	原山真紀
Column	✓	株主判明調査の動向（金融庁主導の動き）	鈴木紀子
	✓	あるIR担当者の本音	鈴木紀子
	✓	Say-onと定款変更	鈴木紀子
	✓	ある機関投資家（議決権行使部門）の本音	原山真紀
	✓	ある社外取締役の本音	宮地真紀子

【執筆者紹介】

鈴木　紀子（すずき　のりこ）
シニアマネージャー

略歴
2002年ジェイ・ユーラス・アイアール㈱入社。機関投資家データベース構築プロジェクトに従事し，国内・海外株主判明調査や機関投資家へのヒアリングなどの調査・分析に携わる。買収防衛策導入・更新やプロクシーファイト，TOB等の株主総会支援に加え，海外企業の日本におけるIR，日本企業の海外IRにおける支援業務等を数多く担当。投資家と企業との対話の現場に多く接した経験から，投資家目線でのコーポレートガバナンスに関する知見を活かし，企業におけるコーポレートガバナンス・コード対応や取締役会評価の支援も実施。
津田塾大学学芸学部国際関係学科卒業

主要著書・論文
- 『機関投資家対応IR・株主総会マニュアル』（共著，中央経済社，2007年）
- 『スチュワードシップ・コードとコーポレートガバナンス・コード　〜日本企業への影響とIR活動〜』（共著，同友館，2014年）
- 「コロナ禍の影響で絶対値を算出できないとしても　〜業績予想の開示内容を国内外の事例から考える」（旬刊経理情報 1587号，2020年）
- 「コロナ下の事例で考える期中に業績予想を修正する際の留意事項」（旬刊経理情報 1601号，2021年）
- 「サステナビリティ経営と取締役会〔上〕〔下〕」（商事法務 2267号，2268号，2021年）
- 「議決権行使結果の分析と機関投資家への対応のポイント」（商事法務 2294号，2022年）など

宮地　真紀子（みやじ　まきこ）
シニアマネージャー

略歴
大手総合電機メーカー入社後，米国におけるIR・SEC対応，上場子会社における連結決算・事業計画等に携わる。
2005年ジェイ・ユーラス・アイアール㈱入社。国内・海外株主判明調査のほか，機関投資家の意識調査を企画・運営するなど，日本企業のIRの現状と内外機関投資家による認識との格差を主軸としたコンサルティングを展開する。また，大型企業合

併・買収防衛等に関わる株主総会支援，TOB支援，アクティビスト対策・企業防衛，等数多くの案件にプロジェクトマネージャーとして参画。株主との対話の観点からコーポレートガバナンスに関する経験・知見を深め，企業へのコンサルティングを提供。2014年の日本における本格的な取締役会評価第1号企業から評価に参画，以降ジェイ・ユーラス・アイアールが支援する取締役会評価の支援全般に携わる。
東京大学経済学部経済学科卒業

主要著書・論文

- 『機関投資家対応 IR・株主総会マニュアル』（共著，中央経済社，2007年）
- 『スチュワードシップ・コードとコーポレートガバナンス・コード ～日本企業への影響とIR活動～』（共著，同友館，2014年）
- 「サステナビリティ経営と取締役会〔上〕〔下〕」（商事法務 2267号，2268号，2021年）など
- 「取締役会の実効性と社外取締役に対する評価の考え方」（商事法務 2342号，2023年）

原山　真紀（はらやま　まき）
シニアマネージャー

略歴

大手流通企業を経て，2010年ジェイ・ユーラス・アイアール㈱入社。日々のIR活動に関する細やかな支援，国内・海外株主判明調査や機関投資家へのヒアリングなどの調査・分析，海外IR/SR支援，経営陣向けIRセミナー，社外取締役との対談などを実施。また，プロクシファイト，TOB等の株主総会支援，アクティビスト対策支援等を提供。ジェイ・ユーラス・ニューズレターにて，日本企業の決算説明会に関する毎年のレポートを担当。
学習院大学法学部政治学科卒業
青山学院大学大学院国際マネジメント研究科卒業，経営管理修士（専門職）取得

主要著書・論文

- 『スチュワードシップ・コードとコーポレートガバナンス・コード　日本企業への影響とIR活動』（共著，同友館，2014年）
- 「コロナ下の事例で考える期中に業績予想を修正する際の留意事項」（旬刊経理情報 1601号，2021年）
- 「海外機関投資家に株式を『持ち続けてもらう』ために」（企業会計 Vol.75，No.3，2023年）

ジェイ・ユーラス・アイアール㈱について

> 日本に軸足を置いた日系初のグローバル・IR/ガバナンスコンサルティング会社

- 日本企業のIR経験者，グローバルIR/ガバナンスコンサルタント経験者らによって2000年12月設立
- 少数精鋭，顧客少数主義，ボーダレスIR活動を提案（国内IRと海外IRの同一化と質的向上を目指す）
- 東京，英国，米国の３拠点で，日本企業のニーズを満たし，世界レベルのIR活動を提案

> 個別企業のニーズに合わせたきめ細かい支援を提供する<u>ブティック型IR/ガバナンスファーム</u>として，高い評価を得る

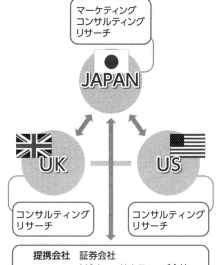

　敵対的買収や株主提案が日常化し，株主との真剣な対話を常に迫られている米英では，大量生産型で画一の商品やサービスの提供ではなく，<u>顧客企業の個別ニーズに合わせたコンサルティングを行い，有事の際の全面的な企業支援にも対応できるブティック型コンサルティング会社</u>が存在します。

　これらの会社は顧客の黒子として機能しているため，その存在はあまり日本では知られていません。また，その仕事の性質上，会社の規模は小さく，コアメンバーは10人程度です。弊社もこのようなスタイルを念頭に置き，設立いたしました。

常に企業・資本市場のニーズを捉えた先進プログラムを日本企業に提案

- 弊社コアメンバーは日本におけるIR/ガバナンスコンサルティングのパイオニアです。
- 現在，日本企業が"IRプログラム"として実施しているその多くは，弊社（あるいはコアメンバー）が日本で初めてご提案したものです。
- さまざまなスタイルの企業のIR/ガバナンス活動をご支援させていただき，豊富な経験と実績を有しております。

1990年代

◆ 株主判明調査（1993年初実施。日本企業：M社）

◆ パーセプションスタディ

◆ 企業主体による海外IRの実施

◆ 海外機関投資家および国内機関投資家に対する議決権行使促進

◆ ディスクロージャーポリシー策定（社内情報フローの構築）

◆ 個人株主への電話キャンペーン（有事，平時のパーセプションスタディ）

2000年代

◆ 経営統合におけるIR，敵対的買収時のIR

◆ 中期経営計画に基づく企業価値向上を掲げた買収防衛策導入第１号のIRご支援

◆ 株主判明調査の最大活用～トラッキング＆ターゲティングプログラム

◆ ESG─非財務情報への対応

そして現在

◆ 取締役会評価──**弊社は日本国内随一の「取締役会評価」支援実績を有しています**

アクティビスト対応の実務

2024年4月15日　第1版第1刷発行
2024年11月20日　第1版第5刷発行

著　者　鈴　木　紀　子
　　　　宮　地　真　紀　子
　　　　原　山　真　紀
発行者　山　本　　　継
発行所　㈱中　央　経　済　社
発売元　㈱中央経済グループ
　　　　パ ブ リ ッ シ ング

〒101-0051　東京都千代田区神田神保町1−35
電話　03 (3293) 3371 (編集代表)
　　　03 (3293) 3381 (営業代表)
https://www.chuokeizai.co.jp
印刷／㈱堀内印刷所
製本／㈲井上製本所

© 2024
Printed in Japan